Hans Kammerlander
Abstieg zum Erfolg

SERIE PIPER

Zu diesem Buch

»Zum Gipfel gehört das Tal, zum Aufwärts das Abwärts, zum Ziel die Rückkehr«, sagt der weltberühmte und erfolgreiche Extrembergsteiger Hans Kammerlander. In diesem Buch erzählt er Geschichten von lebensgefährlichen Situationen, von Glück und Zufall, aber auch vom Scheitern und Aufgeben – denn die Eroberung des Gipfels allein ist nicht das Entscheidende. Er berichtet von seinen ersten Erfahrungen im Extremklettern, von den Überschreitungen der beiden Achttausender Gasherbrum I und II zusammen mit Reinhold Messner, von der Durchkletterung der Annapurna-Nordwestwand, von Begegnungen mit dem Tod in den Bergen. Ergänzt und bereichert werden seine packenden Darstellungen durch zahlreiche Fotos und durch Berichte und Erzählungen von Freunden und Weggefährten wie Reinhold Messner, Michl Dacher, Friedl Mutschlechner und dem Bruder Alois Kammerlander.

Hans Kammerlander, geboren 1956 in Ahornach/Südtirol, Extrembergsteiger, Bergführer und Skilehrer, bestieg die Gipfel der Dolomiten, durchkletterte die großen Alpenwände und bezwang die höchsten Berge der Welt, darunter zwölf der vierzehn Achttausender, sieben davon mit Reinhold Messner. 1996 Alleingang auf den Mount Everest und erste Skiabfahrt vom Gipfel. Er ist überdies Leiter der Alpinschule Südtirol. Zuletzt erschien von ihm der Bestseller »Bergsüchtig« (1999).

Hans Kammerlander

Abstieg zum Erfolg

Mit 78 Farbfotos und 39 Schwarzweißfotos

Piper München Zürich

Fotos: Archiv Hans Kammerlander (Sand in Taufers) und Archiv Walther Lücker (Salzburg). Seiten 264/265 und Seite 268: Jürgen Winkler (Penzberg).

Das Buch entstand unter Mitarbeit von Werner Beikircher, die Taschenbuchausgabe wurde von Walther Lücker durchgesehen.

Durchgesehene, im Text ungekürzte Taschenbuchausgabe
Piper Verlag GmbH, München
Mai 2000

Erstausgabe: Bergverlag Rother, München 1987
Umschlag: Büro Hamburg
Stefanie Oberbeck, Katrin Hoffmann
Foto Umschlagvorderseite: Jürgen Winkler
Foto Umschlagrückseite: Archiv Hans Kammerlander
Gesamtherstellung: Clausen & Bosse, Leck
Printed in Germany ISBN 3-492-23052-0

Inhalt

Vorwort

Um es gleich vorwegzunehmen – ich bin zu diesem Buch gekommen wie die Jungfrau zum Kind. Eines Tages sind sie mit der Idee herausgeplatzt, meine Freunde, und von da an war ich mitten drin in der längsten Klettertour meines Lebens.

Meine Schwangerschaft entwickelte sich mit allen wichtigen Symptomen: Ich kam kaum noch aus dem Haus, wurde grantig und fett, und wenn ich die Menschen in die Berge ziehen sah, wollte ich alles hinschmeißen und ihnen hinterherlaufen. Auch in diesem Punkt will ich meine Freunde nicht vergessen, sie haben mich immer wieder zurückgeführt zum richtigen Einstieg.

Und dann, mit Fortdauer und Gedeihen der Arbeit, habe ich plötzlich gespürt, daß ein Buch zu schreiben eine Art Seßhaftwerden ist, ein fixer Punkt im Leben wie ein leibliches Kind. Das tut gut, weil man im Zusammenleimen der Erinnerungen erst erkennt, wo man sich beim Klettern überall herumgetrieben hat auf dieser Welt.

Ahornach, im Herbst 1987

Vorwort zur Taschenbuchausgabe

Im Frühjahr 1999 erschien unter dem Titel »Bergsüchtig« mein zweites Buch. Kaum ging die zweite und dritte Auflage in Druck, geschah etwas Überraschendes: Immer wieder sprachen mich Freunde und Bekannte, Gäste der Alpinschule Südtirol und Besucher meiner Diavorträge auf mein erstes Buch an, »Abstieg zum Erfolg«. Bereits 1987 geschrieben, war es natürlich längst vergriffen und allenfalls noch durch Zufall in einem Antiquariat zu haben. Selbst ich besitze nur noch ein einziges, reichlich abgegriffenes Exemplar.

Und so haben wir uns entschlossen, »Abstieg zum Erfolg« noch einmal herauszubringen: Dabei haben wir einen Großteil der Fotos ausgetauscht, die Texte noch einmal durchforstet und meinen bergsteigerischen Lebenslauf ein wenig ergänzt. Als wir fertig waren, lag ein ebenso handliches wie ansehnliches Werk vor uns, das die Pendelquergänge zwischen meiner Südtiroler Heimat und den hohen Gebirgen dieser Erde erfaßt.

Danken möchte ich meinem Freund Werner Beikircher, der mir beim Schreiben des Buchs damals den Kugelschreiber geführt hat und Kompaß war im Gewirr der Routen; danken will ich natürlich auch all den anderen Gastautoren, die mit ihren Beiträgen das Buch aus der Beschränkung meiner eigenen Sicht befreit haben, und ein Dank geht auch an Walther Lücker, der diese Neuausgabe noch einmal mit mir durchgesehen hat.

Ahornach, im Winter 2000

Ein Brief von Reinhold Messner

Arizona, USA, 27. 6. 1986

Lieber Hans,

hier, im Norden des Landes, stehen die verrücktesten Felstürme, die Du Dir vorstellen kannst. Ein ideales Spielfeld, in dem Du Deine Kraft und Geschicklichkeit abreagieren könntest.

Ich kann mir gut vorstellen, daß Du gerade jetzt, beim Schreiben, bei der Arbeit zu Deinem ersten Buch, großen Bewegungshunger hast. Das ist ja das Dilemma: Beim Schreiben kann man nicht klettern und beim Klettern nicht schreiben.

Wie beim Klettern zählt auch beim Schreiben das Wie. Das lebendige Wort ist dabei nicht zu übertreffen. Wie gerne höre ich Dir zu, wenn Du erzählst; Deine Aussagen sind so spontan und deshalb genau. Du brauchst nur erzählen von dem, was Du erlebt hast und Dein Buch ist gut.

Der klassische Alpinist sei passé, höre ich heute immer wieder. Du bist der lebendige Beweis dafür, daß das nicht stimmt. Die vielen einzelnen Schritte zu dem, der Du heute bist, machten den letzten, dieses Buch, notwendig. Dein Reinhold

Abstieg zum Erfolg

Von den bleichen Bergen der Südlichen Kalkalpen kannst du, wenn der Tag klar ist und deine Augen offen sind, weit im Norden eine breite Kette von hellen, schimmernden Gipfeln sehen. Es sind die Keese und Firne des Zentralalpenrundes, der Zillertaler, Stubaier und Ötztaler Alpen und wie sie alle heißen, auch die großen, gleißenden Gletscher des Venedigers und Großglockners sind zu erkennen.

»Le sete montagne de vedro« nannten die Menschen des Südens sie, »die sieben gläsernen Berge«, flimmernde Spitzen in einer fernen, geheimnisvollen Welt. In zahlreichen Sagen der Dolomitentäler tauchen diese Berge immer wieder auf, als Land, aus dem Silber und Edelsteine kamen, als rätselhafte Gegenwelt zum farbigen, sonnigen Felsenreich König Laurins.

Gar manchen zog es dorthin, zur hellen Schneegrenze, getrieben von Sehnsucht und Fernweh, ungestillter Liebe und Flucht vor Sühne, und nur wenige kamen zurück. Der Berg aus Glas, der höchste Gipfel, der bestiegen werden kann, war in Märchen und Sage ein Totenberg, der Weg zu ihm ein Symbol der Jenseitsreise.

Land der bleichen Berge:
die Drei Zinnen aus einer ungewöhnlichen
Perspektive von Westen her gesehen (vorige Doppelseite)

Freischwebend: spektakuläre Abseilfahrt
an den Cinque Torri

In vielen dieser Legenden, aber auch in manchen religiösen Gleichnissen geht der letzte Schritt des Menschen himmelwärts, ist der Gipfel das Ende. Die Bedeutung des höchsten Punktes, der Stelle, an der alle Linien zusammenlaufen, wird so groß, daß kein Platz mehr bleibt für die anderen Orte des Raumes.

Der Berg als Strich, als eindimensionale Orientierung? Der Gedanke liegt nahe, wenn man dazu auch die Überbewertung des höchsten Punktes im heutigen Alpinismus betrachtet. Erfolg und Niederlage, Sinn und Zwecklosigkeit, ja das ganze Denken ist ausgerichtet auf die paar Quadratmeter Stein oder Eis, die nur noch von einem Steinmann oder dem Gipfelkreuz überragt werden dürfen.

Das mag, wie bereits angedeutet, tiefe Wurzeln haben, aber es ist nur ein Teil des Ganzen. Auf meinen zahllosen Wegen habe ich erfahren, daß der Gipfel allein nicht das Wichtigste ist, nicht das Höchste sein kann. Zum Gipfel gehört das Tal, zum Aufwärts das Abwärts, zum Ziel die Rückkehr.

Nicht nur in der Mythologie, auch in der Wirklichkeit gleichen die schönsten und für die Menschen bedeutsamsten Berge der Erde einer Pyramide: Matterhorn, Ama Dablam, Machhapuchhare oder K 2 zeigen die Form des Dreiecks, eines uralten Sinnbildes für Vollkommenheit. Alle Seiten eines Berges zu berühren, seine ganze Geometrie auf eigenen Pfaden nachzuzeichnen ist eines meiner Ziele, wenn ich unterwegs bin. Auf vielen Touren habe ich versucht, diese Vorstellung in einer Überschreitung zu verwirklichen: der Grundlinie zu folgen heißt Annäherung und Idee, den beiden Schenkeln nach geht der Aufstieg zur Spitze und der Abstieg zum Ausgangspunkt. Auf daß der Kreis sich schließe.

Das Heimwärts an sich, ganz gleich, auf welcher Route, ist der eigentliche Gang zur Ernte. Von dieser anderen Seite der Berge, von dort, wo ein Steiglein in die Tiefe leitet, möchte ich in dieser Geschichte erzählen. Vom Aufwärts, so meine ich, ist seit Jahren alles gesagt.

Spielart mit Zukunft: Klettern an gefrorenen Wasserfällen

Es geschah Anfang der siebziger Jahre in der Nordwand der Königsspitze. Zusammen mit einem Freund war ich in die Ertl-Brehm-Route eingestiegen. Noch im unteren Wandteil, in steilem, kombiniertem Gelände, setzte plötzlich Steinschlag ein, der sich auch nach längerem Warten nicht legen wollte. Nur leidlich geschützt von einer Felsrippe, blieb als einziger Ausweg der rasche Rückzug hinunter zum Gletscher; mit einigen Abseilfahrten hofften wir diesen zu erreichen. Zu dem Zweck trieb ich einen Haken in den Fels und prüfte ihn zum Schluß – wie es meine Gewohnheit war – durch einen scharfen Anriß am Karabiner. Gänzlich unerwartet, wohl auch, weil er beim Einschlagen hell und fest »gesungen« hatte, glitt der Haken aus dem Stein und blieb mir in der Hand. Durch die Wucht des Zuges, die keine Gegenkraft gefunden hatte, drehte es mich aus der Wand, bis mich Werner im letzten Moment mit einer Instinktreaktion am Ärmel des Anoraks zu fassen bekam und zurück auf den Standplatz zog. Wir hatten ohne Selbstsicherung auf einer schmalen Leiste gestanden.

Viele Jahre später, am Cho Oyu, bei einer Winterbegehung.

Aufbruch: Klettern in der warmen Herbstsonne

Tagelang hatten wir uns an einem steilen Eispfeiler auf über 7000 Meter abgerackert, um zur mäßiger geneigten, leichteren Gipfelzone vordringen zu können. Nachdem wir den Pfeiler hinter uns gelassen hatten, erwartete uns knapp unterhalb des Gipfels eine buchtförmige Firnflanke, angefüllt mit sandartigem Triebschnee. Bis zum Bauch einsinkend, wateten wir in das Pulver hinein, um eine letzte, winzige Chance zu wahren. Es ging nicht. Nach Wochen harter Plage, bei Schneetreiben und Temperaturen von 40 Grad minus mußten wir aufgeben und stiegen wieder ab. Es hätte mein erster Achttausender werden sollen.

Was ich hier geschildert habe, sind Geschichten von Glück und Zufall, von Überlegung und Zerknirschung, und es ist kein Gipfel dabei. Wenn ich das Tourenbuch aufschlage und zurückblicke bis zum Anfang meines Bergsteigens, so muß ich sagen, daß vor allem Abstiege in den verschiedenen Erlebnisformen meinen alpinistischen Weg geprägt haben. Sei es am Ortler, am Peitlerkofel oder an der Annapurna gewesen, immer erlebte ich Schlüsselsituationen meines Weges längs der Richtung des fließenden Wassers.

Aber ist denn Scheitern ein Gewinn, der Rückzug ein Erfolg? Gewiß nicht, wenn man das Tun eines Menschen in einzelne Handlungen splittert, nicht den Zusammenhang der Dinge gelten läßt. Ich habe mein Bergsteigen immer als Wellenlinie empfunden, wie eine Kette meiner gläsernen Heimatberge aus großer Entfernung. Und da reihen sich dann Oben und Unten, Hoch und Tief wie an einer Schnur, und manches Mal konnte ich die nächste Steigung nur mit dem Schwung des vorherigen Abstieges erklimmen.

Es klingt vielleicht altklug, wenn ich feststelle, daß nur durch Niederlagen und Mißerfolge, durch Ablassen von einer Sinnlosigkeit oder Aufgabe einer wahnwitzigen Idee die Reife für größere Aufgaben wächst. Ständiges Gelingen kennt kein Feedback, keine Rückblende. Mit Siegen allein werden Auge und Empfindungstiefe, Kritikfähigkeit und Weisheit nicht gesteigert, sondern verkümmern.

An den Achttausendern ist der Gipfel nur ein kleiner Teil des Weges, eine Durchgangsstation, die banale Mitte der Strecke. Am Gipfel ist dort nichts zu Ende. Nicht die Reise, nicht die Aufgabe und auch nicht das Erlebnis. Das Gefühl, ganz oben zu sein, nach dem ich immer gefragt werde, ist weder Euphorie noch Zufriedenheit, sondern reine Erlösung von Schinderei und Aufwärts. Das Bewußtwerden des Erreichten, das Realisieren des Gelingens findet erst statt, wenn man wieder unten ist. Statistiken zeigen auf, daß ein Großteil der Unfälle beim Abstieg passiert. Auch die Liste großer, bekannter Bergsteigerpersönlichkeiten, die dabei ums Leben gekommen sind, ist lang. Franz Oppurg am Klettersteig der Martinswand, Marco Pedrini beim Abseilen am Dru, Marcel Rüedi beim Abstieg vom Makalu und viele andere mehr. Der Erfolg, die Sicherheit, alles überstanden zu haben, gehört dir erst ganz unten, am Ende des Abstieges.

Die Ära großer Gipfelerschließungen geht zu Ende. Die

höchsten Berge der Welt sind bestiegen, die schwierigen Wände, bis auf ein paar wenige Ausnahmen, ebenfalls erschlossen. In absehbarer Zeit werden alle Gipfel in den wenigen noch bestehenden weißen Flecken der Erde (in alpinistischem Sinn) wie in Alaska, Patagonien, dem Himalaya und der Antarktis einen Namen tragen. Auch der höchste Berg der Welt, der Mauna Kea im hawaiischen Meeresgraben (10023 m von seiner submarinen Basis bis zur 4000 m über Normalnull gelegenen Spitze) oder das höchste bekannte Gebirge unseres Sonnensystems, das Leibnizgebirge (11350 m) auf dem Mond, sind keine unüberwindlichen Hindernisse, falls kommende Geschlechter von alpinen Pionieren einen Mangel an neuen Zielen beklagen sollten.

Aber ist das Vorwärts-Aufwärts ohne Grenze wirklich der Olymp der Menschheit? Ich denke, daß die Generation, der ich angehöre, vielleicht die erste unserer Kulturgeschichte ist, die ein Überdenken dieser Frage zur wichtigsten Aufgabe für ihre Zukunft machen sollte. Das Streben nach dem Maximum und nach ständigem Erfolg, wie es das Denken der westlichen Welt bisher bestimmte, läßt die Konsequenzen für das zweite Jahrtausend zumindest erahnen. Und auch der Sport zeigt – als Spiegelbild unserer Gesellschaft – in unserer Zeit eine extreme Ausrichtung auf das maximale Endresultat, unabhängig von Gesundheit, Vernunft und moralischen Aspekten.

Bergsteigen ist Sport, sogar Spitzensport, und hier glaube ich seit einigen Jahren Ansätze für eine etwas kritischere Haltung als bisher erkennen zu können. Der Verzicht auf Hochtechnologie, auf Mammutorganisation, auf den Erfolg um jeden Preis im Alpinismus ist ein junges Pflänzchen, aber vielleicht doch ein Hinweis darauf, daß »small« nicht nur »beautiful« ist, wie Ernst F. Schumacher meinte, sondern wahrscheinlich unsere

Minimalist: mit der geringsten Ausrüstung in größte Schwierigkeiten

Zukunft überhaupt. Nur der Abstieg vom Turm zu Babel, der als Sinnbild menschlicher Schrankenlosigkeit in die Geschichte eingegangen ist, wird über kurz oder lang den Erfolg der Tierart Mensch garantieren können.

Ich sitze am Gipfel des Zweiten Sellaturmes. Die Sonne ist untergegangen, und eine Mischung aus tauiger Kühle und violettem Schein zieht in meine Seele ein. Seit Jahren schon war die mögliche Linie der »Fata Morgana« durch die Nordwand dieser Felszinne ein Traum von mir gewesen, ein weites Ziel. Jetzt ist sie gelungen, ein phantastisches Tanzen über rauhe, senkrechte Platten, ohne einen einzigen Haken. Gleichzeitig aber, und genau mit Erreichen des höchsten Steines, ist, wie so oft, eine große Leere in mein Denken eingezogen. Der Wunsch, die Gier und die Liebe sind gelöscht, und mit ihnen die Phantasie. Zurück bleibt ein großes schwarzes Loch, dort wo noch vor Minuten Idee und Vorstellung waren.

Beim Abstieg, der Mond hat seine Bahn gefunden, schaue ich hinüber zur Demetzhütte in der Langkofelscharte, wo die Kerzen angegangen sind. Neue Routen fallen mir ein, in der Nordwand des Langkofels und der Südwand der Grohmannspitze. Langsam ziehen Möglichkeiten herauf, frische Bilder nehmen mich mit auf die Reise. In der Dunkelheit, vorsichtig Schritt für Schritt talwärts setzend, sehe ich tausend neue Ziele, das ferne Licht am Gegenhang.

Aufhören zu denken
Gasherbrum I und II – erste Überschreitung zweier Achttausender

... damit nicht Steine fallen, der Blitz in den Wolken verpufft und die Spaltenbrücke hält.

Wie viele Widerwärtigkeiten, Mißerfolge, Unglücke sind wohl erst durch den Funken des Gedankens ausgelöst worden, der – schneller als das Licht – hoch oben am Grat den Sérac erst wackeln, die Lawine erst anreißen und den Schneesturm aufkommen läßt.

Die zehnfache Zeit, die das Schreiben eines Buches verlangt, bin ich bis heute auf schwierigsten Wegen am Berg gewesen und glaube nicht mehr an den bösen Blick oder das rufbare Glück. Und doch sind mir immer dann dic Brocken um die Ohren geflogen, wenn ich einen neuen Helm auf dem Kopf hatte, und Berg und Wand schwiegen still, wenn ich allein mit fliegenden Haaren unterwegs war.

Fürwahr, es könnte meine Philosophie sein, daran zu glauben, daß der nächste Griff halten muß, wenn ich es so will, daß der nächste Tritt dann faßt, wenn ich ihn unter den Zehen spüre. Und bei all den morschen Haken, zu denen ich komme, muß ich die Seite ahnen, an der ich vorbeisteige. Mein Kopf und alle Überlegung könnten niemals den Rost zu Eisen schweißen.

Zu dieser Stunde, am Beginn meines ersten Schreibversuches, hoffe ich, alle meine Erinnerungen in den Stall bringen und an die Kette legen zu können, um euch von damals zu erzählen, als ich alles Denken und alle Reflexionen gezielt vergessen wollte und mußte. Der Stoff, aus dem viele Träume geboren wurden,

Leichtfüßig: Baltiträger im Nordosten von Pakistan, im Hintergrund die Trangotürme.

die später zu Taten und heute zu Geschichten geworden sind, hat sich mit Gedankengängen nach den Gesetzen der Logik nicht immer vertragen. Oft, wenn nur noch der Instinkt und tierhafte Entschlußfindung mich vorwärtstrieben, habe ich mit dem Denken aufgehört. Damit nicht Steine fallen sollten.

Sie sind nicht alle oben geblieben, nein, aber immer so früh, so spät oder so weit drüben und hinten vorbeigerauscht, daß nur der Lärm und der Schrecken, aber keine Schramme erzählenswert sind.

Wie jener Felsturm, der – groß wie ein Hochhaus – just in dem Augenblick zusammenkrachte, als wir die Hänge an seinem Fuß eben passiert hatten. Es war der Abend des siebten Klettertages, beim Abstieg von unserem zweiten Berg, den wir in direkter Überschreitung vom ersten Gipfel her erreicht hatten. Den ganzen Tagen waren wir über einen steilen, kombinierten Grat abgeklettert, immer noch im Sturm mit einer einzigen Orientierung: Hinunter!

Ein Grat mit markanten Zacken und Klippen, wie man sie etwa aus dem Westalpengranit kennt. Nach einem letzten

Schneehang endlich der flache Gletscherboden des Tales. Plötzlich – dem Start eines Düsenjägers gleich – ein entsetzliches Dröhnen hinter uns, das Eis unter den Füßen erzittert kurz, und zwischen Sprung und Gelähmtheit fühle ich eine schwarze Mauer aus dem grauen Nebel auf uns zurasen.

Sie trifft uns nicht. Ziemlich nahe muß sie, wie wir am nächsten Tag sehen, an uns vorbeigefegt sein, den Schneehang mit Felstrümmern deckend, ausgelöscht nun unsere Spur. Am Grat, hoch oben, fehlt der Turm, den ich noch eine Woche vorher vom Basislager aus fotografiert hatte.

Die kleine Stelle liegt an einem hohen, sehr hohen Berg in Asien, im Nordosten des Landes Pakistan, in einem Gebiet, das die Menschen Karakorum genannt und erst vor wenigen Jahrzehnten das erste Mal betreten haben. Karakorum heißt schwarzes Geröll, nach der dunklen Farbe der Steine, die von den steilen Flanken niedergehen und die das Eis talauswärts schieben. Ich fahre dorthin, weil es dort einige der höchsten Berge der Welt gibt.

Der hohe Berg, an dem der Zacken fiel, heißt Gasherbrum I oder Hidden Peak und steht topographisch sehr nahe einem anderen hohen Gipfel, der Gasherbrum II heißt. Beide Gipfel sind durch ein vergletschertes Joch getrennt und gleichen in dieser Form etwa dem Großbuchstaben M mit seinem beiden Spitzen und dem Winkel dazwischen.

Ich bin an den Fuß dieser Berge gefahren, weil dieser Ort, diese zwei Achttausender, vielleicht die einzige Stelle der Welt sind, an der es möglich sein sollte, zwei Achttausender in einem Zug zu überschreiten. Diese Möglichkeit ist unser Ziel, ein modernes, diskutiertes, in der Luft hängendes Ziel des Jahres 1984. Das Ziel.

Großes M wie Messner, Vorname Reinhold, seine Idee. Eine Idee, die mir auf den Nägeln brennt und die ich, wie ich später noch erzählen werde, mitentscheiden und ausformen, sie vor Ort anwendbar machen konnte. Über Reinhold brauche

Über 8000 Meter: Gasherbrum I (vorige Doppelseite)

Berühmt: die spektakuläre und wilde Kulisse des Concordia-Platzes

Endlos: vier Achttausender speisen den 60 Kilometer langen Baltoro-Gletscher

ich wohl keine Worte zu verlieren, zu bekannt ist sein Name. Wir sind seit einigen Jahren zusammen unterwegs, eine Zweckgemeinschaft, die sich zur Freundschaft entwickelt hat.

Wir. Eine Seilschaft. Wohl keine Expedition im herkömmlichen Sinne, sondern Seilschaft, alpines Zweierteam. Ein Nullteam, falls sich irgendwo oben einer den Fuß verstauchen sollte, denn alleine kommt keiner mehr zurück.

Es ist der 15. Juni, als wir beginnen, unser Basislager aufzubauen. Nach zehn Tagen Marsch durch das Karakorum-Tal und den schuttbedeckten Baltoro-Gletscher haben wir unseren Standpunkt an der linken Seitenmoräne des Eisstromes erreicht.

Wenn ich sagte Zweierteam, dann meinte ich den alpinistischen Teil unserer ganzen Truppe, das Gesamtbild entsprach wohl eher dem einer klassischen Himalaya-Expedition. Mit dabei war ein Filmteam unter Führung des deutschen Regisseurs Werner Herzog, der einen Streifen über unser Unternehmen drehen wollte. Für das gesamte Material waren schließlich über 30 Träger notwendig, die, wie im Himalaya üblich, aus der einheimischen Bevölkerung stammten.

Keine Panik, liebe Leser, es folgt keine Aufstellung über Zelte, Anmarschtage, Materialcontainer und asiatische Grunzochsen (sprich Yaks), zu überdrüssig bin ich dieser Bilder aus Vorträgen, Büchern und Filmen. Eine generelle Betrachtung derartiger Unternehmungen möchte ich aber dennoch anbringen, da mich Fragen nach dem Stil, in dem eine alpinistische Idee ausgeführt wird, mit jedem Mal mehr beschäftigen.

Ohne Presse, ohne Medien wie Zeitungen und Film sind größere Abenteuer in fernen Winkeln der Welt nicht zu finanzieren. Daß mit ihnen die Größe des Teams manchmal in fast unerträgliche Dimensionen ansteigt, ist wohl ein notwendiges Übel. Trekker, Schriftsteller, Studenten, Forscher, Künstler, Journalisten, Filmer, alles hängt sich an. Was bis jetzt noch fehlt, sind die Groupies der Rockfestivals, die könnte man in einigen Wochen Schneewüste am ehesten brauchen.

Andererseits bewundere ich Reinhold für sein organisatorisches Talent, immer wieder potente Sponsoren zu suchen, die unser »Spiel«, wie er es nennt, möglich machen.

Versilbert: der Gasherbrum I (Hidden Peak) im ersten Morgenlicht.

Und für seine Schauspielkunst. Die beiden spanischen Bergsteiger, die uns am Morgen des 23. Juni unweit des Basislagers entgegenkommen, sind am Ende. – Zuviel Schnee, zuviel Sturm, zu scharfe Spurarbeit. In ihren abgekämpften Gesichtern stehen die Strapazen der zweimonatigen spanischen Expedition wie in einem offenen Buch. Abbruch des Unternehmens auf 7500 Meter Höhe, alles umsonst. Verspielt. Reinhold verzieht keine Miene, ich bin verwundert; hat er sich so gut unter Kontrolle, oder läßt er diese Ereignisse aus Erfahrung und professioneller Coolness für sich nicht gelten? Zweifel sind angebracht. Noch vor wenigen Wochen, vor Antritt des jetzigen Unternehmens, waren wir am Dhaulagiri im Neuschnee fast erstickt. Jeden Tag Schneefall, Meter für Meter, schließlich gescheitert. Was ist, wenn auch hier wieder …? Reinhold läßt die beiden Spanier stehen und stapft weiter Richtung Gasherbrum II das Gletschertal hinauf.

Wir sind losgegangen. Nach Wochen des Wartens, Hoffens und Schauens nun endlich die Verwirklichung meiner Pläne, Aufbruch ins Abseits.

Wir steigen, das Gelände wird langsam steiler. Wir schauen zurück. Unsere Spur wie ein gerader Strich, mit einem kleinen Punkt in der Mitte, dort, wo eine iberische Seilschaft, wo Don Quixote talwärts wankt.

Gegen 16 Uhr erreichen wir einen guten Biwakplatz, trocknen in den verbleibenden Sonnenstunden Schuhe und Hosen und kriechen ins Zelt. Wir haben den langen, flachen Gasherbrum-Gletscher und dazu noch 1500 Höhenmeter an einem Tag geschafft, nicht schlecht für den Anfang. Es folgten eine glasklare Nacht, ein Funken von Übermut und die befriedigende Tatsache, daß wir beide gut schlafen können.

Der nächste Tag vergeht mit anstrengender Spurarbeit, bis wir am Abend auf zerfetzte Zelte treffen. Es ist das oberste Lager der Spanier, ihr Aufgabepunkt nach zwei Monaten härtesten Einsatzes. Trotz beginnender Kopfschmerzen sind wir zuversichtlich. Wir haben bis hierher auf 7500 Meter nur 40 Stunden gebraucht. Der Morgen nach dem zweiten Biwak bringt Überraschungen. Direkt neben dem Zelt – wir lagern in einem Hang mit starken Schneeverwehungen – trete ich unangeseilt eine Spaltenbrücke durch. Die Füße hängen in einem schwarzen Loch, mit den beiden Skistöcken quer unter dem Körper kann ich mich halten. Beim Herausrobben aus dem trügerischen Gelände nehme ich einige Schrecksekunden lang mangels Anhaltspunkten den falschen Weg. Es ist die Längsrichtung der hohlen, tödlichen Gasse, wie sich später herausstellt.

Am späten Vormittag der Gipfelgrat. Neben einem Felsblock treffen wir auf einen roten Biwaksack, dem Volumen nach mit Inhalt. Der Reißverschluß ist zugeeist, ich zerreiße die Perlonhülle mit dem Pickel. Drinnen sitzt ein Toter, mit Daunenzeug angetan und mit Steigeisen an den Füßen. Es bereitet Mühe, den Mann aus dem eisigen Untergrund zu hacken,

Die letzten Schritte: wenige Meter unter dem Gipfel des Gasherbrum II

Angekommen: Reinhold Messner am höchsten Punkt des Gasherbrum II

der ihn bereits zur Hälfte umschließt. Dann geben wir dem traurigen Bündel etwas Fahrt und lassen es an einem Seil hinab in eine Gletscherspalte. Ich kenne inzwischen seinen Namen. Er tut nichts zur Sache und soll hier nicht erwähnt werden. Das ist meine Auffassung von Pietät, ebenso der Versuch, den Toten nach den Möglichkeiten der Situation und des Geländes zu beerdigen, nachdem er fast zwei Jahre dort oben gesessen hat. Alles andere wäre Kitsch. Reinhold stiert vor sich hin und sagt seit langem nichts mehr. Er war nie Bergrettungsmann.

Bei der Leiche hat sich ein Tagebuch befunden.

Nun geht es deutlich langsamer weiter. Wir müssen aufhören zu deuten und grübeln, aufhören zu denken. Entscheidend ist die Brauchbarkeit des nächsten Schrittes und der Griff der Eisen aus Titan.

Der schnelle Aufstieg der vergangenen Tage macht sich bemerkbar. Etwas Atemnot. Der Grat geht über in ein scharf geschwungenes Messer aus gepreßtem Firn, die gleißende Wächte leitet hinauf zum höchsten Punkt.

Wir stehen am Gipfel des Gasherbrum II. Es ist so warm, daß wir die Handschuhe ausziehen können. Tief unter uns, wie ein grob gewebter Nepali-Teppich, die braune Endlosigkeit des tibetischen Hochlandes.

Wir haben die erste Spitze des großen M erreicht. Es drängt nun, in den Einschnitt, in die Kerbe zwischen beiden Gipfeln zu gelangen, einem Gletschersattel von 6500 Meter Meereshöhe. Bevor es drüben wieder aufwärts geht. Wenn nur das Wetter gut bleibt!

Während ich gedankenverloren aus dem Licht in die schattige Ostflanke des Gipfels hinuntersteige, vermisse ich das Brechen der Harschschicht hinter mir, das einen tagelang begleitet und dich der Anwesenheit des Partners versichert, das knirschende EKG seines Schrittes, das dir die Einsamkeit halbiert. Ich wende mich um und sehe Reinhold noch am Gipfel sitzen, das Gesicht nach Süden gerichtet. Ich habe ihn schon oft so sitzen sehen, stundenlang, wortlos. Seine Augen am Nanga Parbat.

500 Meter tiefer schlagen wir das Zelt auf und rüsten uns für die dritte Nacht.

Ich glaube, es gibt zwei wesentliche Spielregeln, die erfüllt werden müssen, um große Herausforderungen durchzuziehen. Die eine ist eine Frage der Taktik und des Timings. Das Rezept für das Abenteuer muß stehen, bevor der erste Schritt getan ist. Reinhold wollte zuerst den Gasherbrum I (Hidden Peak) besteigen und dann den Zweier. Ich habe den Vorschlag gemacht, die Route umzudrehen, weil wir dadurch von oben an zwei gefährliche Lawinenflanken herankommen würden, was schnellere Durchstiegszeiten und gegebenenfalls ein Abtreten der Schneebretter erlaubte. Er hat es akzeptiert. Wir haben uns viel Zeit gelassen für dieses Gespräch.

Die andere Spielregel ist die Qualität des Willens. Motivation zu gewinnen innerhalb eines komplexen Handlungsablaufes ist sehr schwer. Auch diesbezüglich muß der Ranzen voll sein, bevor es losgeht. Einmal angefangen, mußt du den Weg finden wie der Lachs, der nach seinen Laichgründen strebt, wie ein Zugvogel, der weit in den Süden fliegt. Wer mitten im Dreck erst Wollen schaffen muß, der sieht keinen Sommer.

Ich habe mir die Route, den Sinn und das Warum des Ganzen eingebrannt in mein Hirn, bis ich schlafend gehen konnte.

Die Nacht verläuft ruhig, der freie Nachmittag des Vortages, den wir bewußt verschenkt hatten, hat uns gutgetan. Wir wollten aber den gefährlichen Abstieg weiter hinunter bei hartgefrorenen, morgendlichen Verhältnissen durchziehen, um der Lawinengefahr möglichst zu entgehen. Vor uns liegt eine steile, tiefe Firnflanke, gespickt mit zahlreichen Hängegletschern. Der Triebschnee der vergangenen Wochen füllt Mulden und Bänder, von den Séracs krachen Wächten, und einige Eisbalkone können nicht umgangen werden, wir müssen also über sie abseilen.

Ich kenne mich. Mein vielleicht größtes Talent liegt im Erkennen von strategischen Momenten, beim Kartenspielen, bei

Frauen, am Berg. »Sternstunden der Menschheit«, ein Buch von Stefan Zweig, hat mich beim Lesen gefesselt. Von einer solchen sind wir weit entfernt, und doch weiß ich, daß ich dieses Gelände, diese Situation und diese Gefahr nur einmal im Leben auf mich nehmen werde, es ist der Schlüssel der Überschreitung von Gasherbrum I und II.

Wir hetzen den Hang hinunter, jeder auf sich selbst gestellt, kriechen durch ein Labyrinth aus Spalten und drohenden Erkern aus Eis und haben gegen Mittag den Fuß des Berges erreicht. Hinter uns liegt ein Stapel aus Stein und Eis, der jeder Physik spottet. Der Boden wird flacher, wir ziehen nach links, kein Brocken ist gefallen.

Wir befinden uns nun am Sockel des Gasherbrum II, des Berges, der hinter uns liegt; sogar etwas tiefer noch als das Joch zwischen den beiden Gipfeln, denn der Abstieg direkt hinunter wäre nicht möglich gewesen. Also müssen wir zum Joch, das Gasherbrum La heißt, etwas aufsteigen. Die Flucht nach unten hat uns die Beine in den Leib geschlagen, meine Füße sind zu Blei und der Kopf zur leeren Knochenkapsel geworden. Und trotz allem ist erst die Hälfte des ganzen Unternehmens verwirklicht.

Wir fürchten diesen Moment. Hier, am tiefsten Punkt der Überschreitung, mußte die Entscheidung fallen. Mehr als eine halbe Woche ist vorbei, die Gurte des Rucksacks haben tiefe Striemen in meine Schultern geschnitten, die Wärme des Basislagers, dessen feine Rauchsäule aus dem Tal herauf zu erkennen ist, zieht in die nasse Hose ein. Während Reinhold noch in seinen Skistöcken hängt und die letzten Tropfen Tee verschlingt, löse ich den Blick von der Tiefe und versuche einige Schritte bergwärts. Mir ist, als schlüge ich mit dem Schädel gegen eine Mauer.

In den letzten Sonnenstrahlen des vierten Tages steht das rotblaue Zelt am Firnsattel des Gasherbrum La. Es folgt ein Tag in schwierigem, kombiniertem Gelände. Einige Fixseile einer früheren, amerikanischen Expedition erleichtern kurz-

Überschreitung:
Aufstieg durch die Nordwand des Gasherbrum I

Nach sieben Tagen: Reinhold Messner, gezeichnet von den Strapazen

Rückkehr: im Spaltengewirr des Gasherbrum-Gletschers

zeitig das Steigen, das mit den Anforderungen etwa der Matterhorn-Nordwand zu vergleichen ist. Reinhold ist nachdenklich, eine fingernagelgroße Wolke ganz weit im Westen hat den alten Wolf mißtrauisch gemacht. Ich bin froh, daß er dabei ist, seine Anwesenheit gibt mir Sicherheit. Gegen Abend wird das Ergebnis sichtbar. Mit Mühe und Not gelingt es uns noch, das Schneckenhaus aus Kunststoff zu verspannen für ein Biwak, das nichts Gutes verheißt. Mit aller Gewalt fällt der Sturm ein, es folgen höllische Stunden. An Kochen ist nicht zu denken, der Wind bläst pausenlos Triebschnee in das kleine Zelt, das wegen Sauerstoffmangels stets einen Spalt geöffnet bleiben muß. Es ist unsere vierte Nacht ohne Schlaf, bei ständig wachsendem Orkan. Gegen Morgen läßt das Inferno etwas nach, einige blaue Ecken stehlen sich in das düstere Grau.

Abwarten wäre das Gebot der Stunde, doch denke ich nicht daran. Zuwenig kenne ich mich noch selbst in großen Höhen, das Spähen und Warten auf körperliche Reaktionen zehrt an den Nerven. Wir müssen schleunigst weg, nach oben. Der Autopilot geht an.

Der Gipfel war nahe. Ansetzen zum Schritt, zurückziehen, um aufs neue zu rasten, schweres Spuren bis zum Gipfelgrat, der stark überwächtet war. Gipfelfoto.

Was nun folgte, habe ich in völliger Apathie registriert. Reinhold will vom Gipfelpilz zu mir herunter in die Flanke steigen, tritt ins Leere und fliegt rücklings aus der Wand. Mit einer Katzenrolle wirft er die Brust zum Tal, springt – und steht nach einigen Metern fest im schuhtiefen Pulverschnee, der die verglasten Platten deckt. Er stürzt – okay, er steht – auch gut, zu kaputt bin ich für die elementarste Differenzierung.

Der Nebel hielt an. Wir stiegen weiter ab, trafen nach und nach auf meine eingerammten Skistöcke, die ich als Orientierungshilfe im letzten Teil des Aufstieges zurückgelassen hatte (dieser Teil ist identisch mit dem obersten Teil des Abstiegs), und erreichten einen Grat, der uns trotz vollständiger Desorientierung nach unten brachte.

Notdürftiges Biwak, das sechste ... Nacht der Halluzinationen, Nacht der Gespenster. »Gut, nicht wahr, daß wir doch das große Zelt mitgenommen haben!« Reinhold wiederholte zufrieden diese Feststellung, obwohl klar war, daß wir das kleinste Zelt dabei hatten, das am Weltmarkt existiert. Dafür sah und hörte ich Friedl und Hanspeter, zwei langjährige Tourenkameraden, wie sie vor dem Zelt herumwerkelten. Wir waren verrückt geworden, regelrecht.

Weiterhin Schneesturm, das kalte Mehl liegt spannenhoch auf den Schlafsäcken; rein mechanisch wird beim ersten Morgenlicht Kleinzeug und Schnee, Zelt und Eis in den Rucksack gestopft. Wir folgen weiter dem Grat, anhaltender Nebel. Jenem Grat, an dem der Felsturm stand, den ich zu Beginn erwähnt habe. Wir umgehen den Turm, weichen in verzehrendem Gegenanstieg einem Lawinenhang aus und erreichen am Nachmittag des siebten Tages den flachen Gasherbrum-Gletscher. Reinhold möchte hier ein letztes Mal biwakieren, denn in dem Meer aus Spalten hätten wir bei dem Nebel sowieso keine Chance. Ich will weiter, wir haben es doch geschafft, der Gedanke an das Basislager ist unerträglich.

Krachen und Düsenjetgetöse. Wieder davongekommen. Die Irrfahrt wird grotesk, nach links, nach rechts, zurück, überall tiefdunkle Löcher und aufgeweichter Schnee.

Bis es passiert. Wie ein Keulenhieb trifft mich das Straffen des Seiles. Ich schlage mit den Knien gegen eine Eiswand, über mir ein rundes Loch, durch das aus dem finsteren Grau des Himmels die Graupeln fallen. Die sechs Millimeter dünne Reepschnur, die wir ohne Klettergürtel um den Bauch geschlungen haben, droht mich zu erwürgen. Vor mir baumelt der Rucksack, der durch den Sturz vom Rücken gerutscht ist. Es gelingt mir, die Steigeisen vom Sack zu fingern und sie an den Plastikschuhen zu befestigen. Mit ihnen, dem stumpfen Pickel und dem Seilzug von Reinhold entkomme ich nach halbstündigem Kampf der Spalte und muß mich noch an deren Rand röchelnd übergeben. Kolikartige Schmerzen der Erschöpfung biegen mich wie eine Raupe, während die Abenddämmerung heraufzieht.

Ein letztes Freilager mitten auf dem Gletscher wird begleitet von den roten Feuerpunkten des Tales, an denen wir unsere Freunde wissen. Am achten Tag erreichen wir den Ausgangspunkt.

Im Tagebuch des Toten, den wir beim Aufstieg zum Gasherbrum II gefunden haben, steht etwas Schreckliches. Der Verstorbene und sein Partner, der bis heute verschollen ist, hatten sich in fast zweiwöchigem Martyrium bis auf 7500 Meter hinaufgekämpft. Im Bewußtsein, bereits an erfrorenen Gliedmaßen zu leiden, gingen sie aufwärts, manchmal nur 50 Meter an einem einzigen Tag. Sie haben einfach aufgehört zu denken. Beide waren Akademiker, also imstande, präzise und analytisch zu überlegen. Es hat ihnen nichts genützt. Ihr Fehler war, daß sie auch aufgehört haben zu spüren, vielleicht, weil sie nicht Bergbauern waren wie ich.

Vom Denken will ich den Teil ausknipsen, der um hundert Ecken geht, das Fühlen lähmt und letztlich kontraproduktiv wirkt. Der verhindert, daß du in den Tagen, an denen du oben unterwegs bist, selbst ein bißchen zu Stein und Kälte wirst. Jenen Teil, der den Berg in Unwucht bringt, wenn du unter ihm vorbeigehst.

Auf daß nicht Steine fallen sollten ...

Die Kartenspieler
Von Franz Xaver Wagner

Der Anlaß für diese Erzählung von Franz Xaver Wagner alias Karl Tiefengraber, den ich für den besten deutschsprachigen Alpinsatiriker halte, ist ein rein zufälliger: Ende der siebziger Jahre waren Werner Beikircher und ich auf die Kasseler Hütte gegangen, um eine schöne Skitour mit der Begehung einer Eiswand zu verbinden. Am Abend vor der Tour saßen wir in der dichtgefüllten Hütte zwei Typen gegenüber, die bald begannen, mit uns zu fachsimpeln. Bis spät in die Nacht, als die beiden schon längst schlafen gegangen waren, blieb mir ihre Identität verborgen. Erst mit dem Erscheinen des folgenden Artikels in der »Bergwelt« wurde mir klar, mit wem ich damals am Tisch gesessen hatte. Es handelte sich um Franz Xaver Wagner und den Boß des Rother-Verlages, Rudolf Rother. Nie hätte ich gedacht, daß dieser schon etwas reifere Bergsteiger zehn Jahre später mein erstes Buch verlegen würde.

Lieber Sepp, ich gehe ins Gebirge wegen der Natur und wegen der bergsteigerischen Begegnung und des Meinungsaustausches mit Gleichgesinnten. Du doch auch, nicht? Aber da gibt es welche, die gehen ins Gebirge – zum Kartenspielen!

An meinem Tisch in der Hochgallhütte (Rifugio Roma) saßen zwei solche. Inmitten der herrlichen Bergwelt der Rieserfernergruppe spielten die Karten. Das mag ich schon. Kartenspielen im Gebirg. An meinem Tisch. Keine zünftigen Gesänge zu Gitarrenklang. Keine alpine Unterhaltung möglich. Das mag ich schon. Kartenspieler als Bergsteiger. Waren denn das überhaupt Bergsteiger? Bundhosen und karierte Hemden tru-

Spiel des Lichts: Skitour in den Bergen der Rieserfernergruppe

gen sie ja schon, und schwarze Schnurrbärte auch, aber alles ziemlich neu. Und Turnschuhe; wohl noch nie was von Hüttenschuhen gehört? Spielen Karten, den halben Nachmittag und den ganzen Abend. Das mag ich schon. Wahrscheinlich gar keine Bergsteiger. Nur zum Kartenspielen auf die Hütte gegangen. Den richtigen Bergsteigern die Plätze wegnehmen.

Kein Wort fiel bei denen über ein alpines Vorhaben. Nur die beim Kartenspielen üblichen Aussprüche. Sicher steigen die morgen nur wieder ab. Das mag ich schon. Ich aber will zum Magerstein. Mit Ski. Es ist Mitte April. Ich studiere die Karte, lese mehrmals die Anstiegsbeschreibung, gehe vor die Hütte, um die Startrichtung für morgen zu ermitteln. Die zwei Schnurrbärtigen aber spielen Karten, gehen als letzte ins Bett. Können ja ausschlafen, die Kartenspieler, die.

Lieber Sepp, am Morgen des 13. April 1980 um 7 Uhr 30 breche ich zum Magerstein auf. Die Kartenspieler schlafen natürlich noch. Aber um halb neun – überholen die mich. Das mag ich schon. Losrennen in der Frühe, und dann bald schlapp-

machen. Wollen wahrscheinlich nur zum Hochflachkofel, das ist der billigste Gipfel in der Gegend. Die Kartenspieler, die!

Lieber Sepp, leider hat es bei mir nur bis zum Hochflachkofel gereicht. Konditionsschwierigkeiten. Aber das ist auch ein sehr schöner Gipfel, der Hochflachkofel! Von den Kartenspielern habe ich übrigens nichts mehr gesehen, werden irgendwo abgebrochen haben …

Um 12 Uhr 45 war ich wieder an der Hochgallhütte. Ich fragte den Hüttenwirt nach den Kartenspielern. Er zeigte zum Hochgall und gab mir das Fernglas: Da waren zwei auf der Eisschulter am Grat. Die Kartenspieler? Ja, sagte der Hüttenwirt, die sind im Abstieg – nach Begehung der Hochgall-Nordwand.

Eine Dreiviertelstunde später waren die zwei bei uns! Hochgall-Nordwand und zurück – seilfrei! – in sechs Stunden, davon eine Stunde Gipfelrast! Und die sahen so frisch aus wie eben aufgestanden! Eine deutsche Seilschaft, Stunden früher aufgebrochen, war noch mitten in der Wand! (Die hatten gestern abend nicht Karten gespielt.)

Lieber Sepp, die beiden Kartenspieler heißen Werner Beikircher, cand. med. aus Sand in Taufers, und Hans Kammerlander, Bergführer und Alleingänger im VI. Grad. Kammerlander gilt als neuer Messner, und ich bin immer noch am Hutziehen …

Dein Karl

(1980)

Majestätisch: Hochgall (3436 m),
der König meiner heimatlichen Berge
(vorige Doppelseite)

Matterhorn-Nordwand – am Gipfel nicht zu Ende

Als Abenteuer wird das Unbekannte am Berg gesucht, kann teilweise geplant und am Rande beeinflußt werden, als Schicksal ist es unerwartet und nicht mehr steuerbar.

Am 8. oder 9. August 1976 starben die beiden Deutschen Franz Mayr und Günther Nothdurft beim Abstieg über die Westflanke (Normalweg) am Eiger, nachdem sie in mehrtägiger Kletterarbeit die vierzehnte Begehung der Nordwand geschafft hatten. Die Geschichte des Alpinismus kennt weitere derartige Beispiele, deren besondere Tragik es ist, daß oft Spitzenkönner nicht am Limit ihrer Leistungsfähigkeit und an den erwarteten Schwierigkeiten einer großen Begehung scheitern, sondern in den meistens vermeidbaren Situationen des Randgeschehens. Der folgende Tourenbericht soll aufzeigen, daß Denken und Handeln auch nach dem Zwischenerfolg wertfrei exakt sein sollen und müssen.

Diese Erzählung habe ich 1976 geschrieben. Werner und ich waren damals reichlich jung für die Matterhorn-Nordwand.

Zwischen den Stengeln hängt noch erwartungsvoll die Stille der verblassenden Nacht, fast vorsichtig schlüpfe ich durch den schmalen Schilfgürtel, hinter dem flache Schaumkronen mit leisem Schleifen auf dem Kiesufer auslaufen. Ich fülle Joghurtbecher und Bierflasche mit lauwarmem Seewasser und tappe zurück in die Dunkelheit, die das flaue Rot hinter meinem Rücken noch nicht zu durchdringen vermag.

Wir sind schon seit Mitternacht unterwegs, und bis hierher ist alles gutgegangen. Langsam schütte ich das Wasser in den dampfenden Kühler, ich will keine Zeit verlieren.

Mittendrin: schwierige Verhältnisse in der klassischen Matterhorn-Nordwand (rechts)

Unverkennbar: das Matterhorn mit seiner mächtigen Nordwand

Nachmittag. Matterhorngletscher. Daß etwas Wichtiges daheim geblieben ist, hatte ich schon lange im Gefühl, jetzt fehlen mir tatsächlich sämtliche Zeltheringe. Wenn etwas krumm läuft, was ich mir selbst zuzuschreiben habe, werde ich – auch mir gegenüber – zwar unausstehlich, aber produktiv. Und während meine Freunde etwas verlegen, wenn auch schuldlos, herumstehen, knie ich im tiefen Schnee, wühle, knüpfe, presse, pinkle, wühle zu – fertig. Das muß halten. Alles, was bei unserer Bergausrüstung aus Eisen ist, liegt nun im Umkreis vergraben – und ist mit den Zeltschnüren verspannt.

Der Abend wird nicht sehr flott, das Minizelt ist nicht viel mehr als ein knapper Regenmantel für vier Mann. Die Nacht ist

sternklar. Auch unser Clinch kann daran wenig ändern. An Schlaf ist nicht zu denken, zwei Stunden nach Mitternacht wird der Menschensalat langsam unerträglich. Werner schaltet das Taschenradio ein, versucht Nachrichten mit Wetterprognosen hereinzubekommen. Er findet nichts, links im Band ist Rauschen, rechts ein Regionalsender im Sandwich mit italienischen Stationen, in der Mitte spielt ein Franzose Abba – soeben neu herausgekommen. Auch ich krieche langsam raus, die feuchte Hülle hinter mir lassend. Das Firmament ist voller Sterne, mit klammen Fingern beginne ich die Ausrüstung zusammenzusuchen. Der Schneematsch, den ich da am Nachmittag zusammengemischt habe, ist zu Eis erstarrt, darin verbakken die Eishämmer, Haken und Karabiner.

Wir hatten vorgehabt, schon um drei Uhr beim Einstieg zu sein, daraus wird nichts. Es ist so dunkel, daß wir nur schwache Konturen sehen können, den Einstieg ins große Couloir hätten wir sicherlich nicht gefunden. Bewußt lässig vertreibt sich jeder die ewig scheinende Stunde, die wir noch warten müssen.

Mit dem kältegeschwächten Batterielicht der Stirnlampen steigen wir um halb fünf in die Eisflanke ein, klettern gleichzeitig und kommen rasch höher. Die oberste Schicht ist glasig, schon in Zermatt hatten uns einige Touristen von der starken Vereisung am Horn erzählt. Die beinharte Auflage erfordert ein sauberes Steigen, doch können wir damit rechnen, gegen den Steinschlag, der auch hier das dominierende Kriterium ist, ein gutes Timing gefunden zu haben. Aus der Literatur wissen wir, daß die Sicherungsmöglichkeiten vor allem im Schrägcouloir schlecht sind. Wir finden einige »moralische«, keine guten. Obwohl wir bei solchen Gegebenheiten lieber seilfrei gehen, bleiben wir diesmal beisammen, die steile Rampe ist nicht geeignet für ein langwieriges Seilmanöver.

Ich weiß, daß ich nicht stürzen darf. Vielleicht ist Wissen oft nur Glaube, starker Glaube, das mag sein. Auch Wissenschaft, Forschung, Kirche »wußten« vieles jahrhundertelang, kannten Tatsachen und mußten dann doch feststellen, daß alles nur Glaube, Annahme gewesen war. Es hat sie scheinbar weitergebracht, schrittchenweise nach vorne oder rückwärts, und es war gültig für den Moment. Werner wird nicht stürzen, das weiß ich auch. In ihm klettert nicht gelernte Koordination und bewußte Motorik, sondern Talent.

Der obere Rand des Couloirs ist besser als erwartet. Die schlecht geschichteten Platten sind daumendick vereist. Die

Vergoldet: Nach einer Stunde Kletterzeit in tiefer Nacht begrüßte uns die Sonne. Der untere Teil der Wand war blank, weiter oben erwartete uns Pulverschnee auf den Felsen, der von einem vorangegangenen Wettersturz herrührte (vorige Doppelseite).

Steigeisen und Hämmer greifen. Was uns zu schaffen macht, ist die große Kälte, die ein Klettern ohne Handschuhe nicht lange erlaubt. Auf der Schulter am Hörnligrat defilieren fast ohne Pause bunte Punkte, das gute Wetter bringt Hochbetrieb am Normalweg. Im oberen Drittel der Nordwand legt sich die Steilheit etwas zurück, das durchgehend kombinierte Gelände wird übersichtlicher. Etwas abseits der Route entdecke ich auf einem Vorsprung ein einzelnes Steigeisen, das wahrscheinlich von Japanern stammt, die einige Tage vor uns in der Wand waren. Ich klettere hinaus und sehe, daß es ein deutsches Modell ist, mit einem jener tückischen Blitzverschlüsse an den Gurten, denen auch ich es zu verdanken habe, daß ein passendes Gegenstück zu diesem Fund seit Jahren einzeln zu Hause liegt.

Am späten Nachmittag, nach dreizehn Stunden, erreichen wir den Gipfel. Die Tour ist selten glatt abgelaufen, wir fühlen uns gut. Auch die Marschtabelle stimmt, wir haben alles richtig gemacht. Bis jetzt.

Beim Abstieg kommen wir an der Solvayhütte vorbei, die knapp unterm Gipfel als Notunterkunft am Grat steht. Sie ist besetzt mit einigen Nachzüglern, die hier die Nacht verbringen wollen, den Rückweg kurz vor Beginn der Dunkelheit wollen sie nicht mehr antreten. Der Gestank rund um die Hütte ist unerträglich. Angeekelt sehen wir, daß Kolonnen von Bergsteigern in vorbildlicher internationaler Zusammenarbeit tätig gewesen sein müssen, um diese Fäkalienschweinerei zustande zu bringen.

Wir kommen rasch tiefer, scheinen uns aber doch in der Länge des Abstiegs verschätzt zu haben. Als es zu dämmern beginnt, befinden wir uns plötzlich seitlich in der Ostflanke, durch einige tiefe Schluchten vom Grat getrennt. Wir sind uns bald im klaren über die bergsteigerische Leistung, sich an diesem Normalweg zu verlaufen, allein, wir müssen hinunter, und in der Ostflanke sind wir schnell.

Nacheinander finden wir verstreut drei Pickel, Rucksäcke,

Die Schwierigkeiten liegen hinter uns: Rast am Ausstieg aus der Nordwand

Schweizer Gipfel: der höhere von zwei hohen Punkten am Matterhorn

Reepschnüre und andere Ausrüstungsgegenstände, die entweder vom Grat gefallen oder von Verirrten zurückgelassen worden sein müssen. Das Gelände wird immer wilder. Es dunkelt jetzt zunehmend, die Stirnlampen geben nichts mehr her. Obwohl wir noch beide voll da sind, um frei abklettern zu können, mache ich mir Gedanken, wie lange Konzentration und Kraft noch halten werden. Für mich ist es die dritte Nacht, in der ich kein Auge zumachen werde. Und meinem Freund Werner geht es ähnlich.

Inzwischen ist der Mond aufgegangen und wirft das spärliche Licht seines letzten Drittels flach in die schwarze Unübersichtlichkeit der Ostwand, in der wir uns irgendwo befinden. Nur die jeweils nächsten Meter erkennend, klettern wir langsam die steiler werdenden Wandstufen hinunter.

Nach Mitternacht halten wir am oberen Rand eines senkrechten Felsens, unter uns schimmert undeutlich der Hängegletscher des Wandfußes. Das Abseilmanöver klappt, doch müssen wir auch über das Steileis abseilen, das an dieser Stelle nicht frei kletterbar erscheint. Langsam gleite ich am Doppelseil über den Eisbuckel, unter dem ich kein Ende sehe. Da höre ich plötzlich Werner schreien. Seiner Konzentration verdanke ich es, noch einige Augenblicke zum Reagieren zu haben. Ich werfe mich nieder, schiebe den Rucksack über den Kopf und klammere mich in die Seile. Da spüre ich schon den ersten Schlag; der Brocken, der mich getroffen hat, wirft mich fast aus dem Stand. Irgendwo hoch über uns kracht und zischt es, der nachhinkende Widerhall füllt die Wand mit dumpfem Grollen. Aus den Augenwinkeln sehe ich weißliche Fahnen, die im Mondlicht die Bahn der Steine markieren. Einige Einschläge fahren knapp neben mir knirschend ins Eis, es klingt wie das Ziehen eines faulen Stockzahnes. Nach einigen Minuten ist das fürchterliche Stakkato zu Ende, und ich traue mich, Steine und Grus von meiner lächerlichen Knautschzone aus doppeltem Perlongewebe zu schütteln. Nachdem ich eine Eischraube gesetzt habe, zieht Werner, der im Schutze der Randkluft die Situation überstanden hat, die Seile ein, um sie zu kontrollieren. Ich höre, wie sie sandig durch seine Finger schleifen, bis er mir erklärt, daß das rote knapp über meinem Stand abgeschlagen worden ist, an einigen Fetzen des Mantels hängt der kürzere Schwanz.

Mit dem Rest der Seile steigen wir weiter ab, queren den Furggle-Gletscher nach links und erreichen gegen Ende der Nacht die Hörnlihütte. Anklopfen – leider sei alles überfüllt – wo wir herkämen – Nordwand – Murmeln, spontan zwei Hände aus der schmalen Luke, zwei riesige Bier – ich würge, habe kein Geld – schon okay – unser Dank kommt trocken. Es scheint noch Menschen auf Hütten zu geben. Überm Schwarzsee biwakieren wir für den Rest der Nacht. Am nächsten Tag treffen wir Erich und Hubert, sie haben in der Hütte geschlafen. Dann geht es heimwärts.

Am Lago Maggiore beginnt es langsam zu regnen. Bis ins Pustertal fahren wir durch eine Waschküche. Den Montag verschlafe ich gänzlich. In der Dienstagsausgabe der Tageszeitung steht eine kurze Agenturmeldung: Schlechtwetter in den Alpen. Das Tief, das am Sonntag vom Atlantik kommend Mitteleuropa erreicht hat, brachte in den Westalpen winterliche Verhältnisse. Ein halber Meter Neuschnee am Matterhorn forderte zwei Tote, zwei Bergsteiger werden vermißt.

(1976)

1992 kehrte ich mit einem ehrgeizigen Ziel zum Matterhorn zurück. Mit meinem Partner, dem Schweizer Diego Wellig, stieg ich binnen 24 Stunden viermal auf das Horn. Im Auf und Abstieg über Hörnli-, Furggen-, Lion- und Zmuttgrat.

Verdon – ein Kletterparadies

Die Schlucht des Verdon, von Wildwasserkennern schon lange gekannt und geliebt, liegt im verkehrsmäßig etwas umständlich zu erreichenden Gebiet der französischen Seealpen, westlich der Kleinstadt Castellane, die von den Städten Cannes und Nizza über Paßstraßen erreicht wird.

Diese tiefste Schlucht Europas wurde von den Kletterern relativ spät entdeckt. Erst in den sechziger Jahren wurden die ersten Routen durch die bis zu 400 Meter hohen senkrechten und überhängenden Verdonwände gelegt. Heute ist fast jeder Riß und jede Verschneidung begangen; auch unmöglich erscheinende Plattenschüsse haben in den vergangenen Jahren ihre Unberührtheit verloren. Routen bis in die höchsten Schwierigkeitsgrade wurden durch diese überaus festen Kalkwände gelegt.

Als ich den ersten, langersehnten Blick in diese atemberaubende Schlucht werfen konnte, war es für mich unverständlich, daß Menschen in freier Kletterei hier hinaufsteigen können. Um zu den Einstiegen zu gelangen, muß zuerst über die Wand abgeseilt werden. Einige eigens dafür eingerichtete Abseilpisten stehen zur Verfügung. An der ersten Abseilstelle an »Lunabong« wird uns der erste und richtige Eindruck der Verdonkletterei vermittelt. Ungekannte Luftigkeit verschlägt uns den Atem. Die nächsten Abseilstellen werden manchmal nur durch gezieltes Pendeln erreicht, eine Arbeit, die mit flauem Gefühl im Magen beginnt, bald aber zum lustigen Spiel wird.

Von meinen Alpentouren her akzeptierte ich ein ungeschriebenes Gesetz: den weiten Hakenabständen und oftmals

schlechten Sicherungsmöglichkeiten gemäß immer mit Leistungsreserven zu klettern und weitab meiner Leistungsgrenze zu steigen. Sportklettern dagegen verlangt das Gegenteil. Die gute Absicherung erlaubt ein Überschreiten der Grenze, fordert die Bereitschaft zum Sturz und bedingungsloses Vertrauen zum Material. So ganz habe ich es bis heute nicht geschafft, diese beiden Gegenpole zu vereinen.

Gespannt auf den ersten Aufstieg, machten wir uns am Wandfuß fertig. Ich war innerlich etwas erregt. Vielleicht waren es die Worte eines Kollegen, der dieses Gebiet bereits gut kannte: »Zuerst muß man das Fliegen lernen und die Angst vorm Fliegen verlieren, dann packt man auch diese Touren.« Ich hatte aber gar keine Lust, das Fliegen zu lernen, und leichte Touren gibt es hier nicht.

Schon in den ersten, noch etwas »verkrampften« Seillängen machten wir mit der strengen Schwierigkeitsbewertung des Gebietes Bekanntschaft. Die grauen Platten, von weitem gesehen unmöglich glatt, weisen bei näherem Hinsehen eine charakteristische Feinziselierung durch Wasserlöcher auf, eine Einma-

Nicht normal: in der Verdonschlucht wird zuerst zum Abstieg abgeseilt und dann geklettert

ligkeit des Verdonkalkes, die sehr viel Fingerkraft und saubere Fußarbeit erfordert.

Schnell haben wir uns auf diesen Fels eingestellt. Die Bewegungen werden lockerer, es beginnt Spaß zu machen. Jeder Meter ist ein neues Erlebnis, einmal nur auf Reibung stehend, dann wieder ein Wasserloch, in dem nur ein Finger Platz findet, ein Piazriß, wo das Probieren viel Überwindung kostet, dann die Freude nach jedem gelösten Problem. Spannende Momente, die uns den ganzen Tag und auch die nächsten Tage beschäftigen. Von Tag zu Tag werden anspruchsvollere Routen gewählt.

Als Abschlußtour wählten wir »Mangoustine Scatop hage«, eine der zu dieser Zeit schwierigsten Verdontouren überhaupt. Die ersten Seillängen, in denen sich auch schon die Schlüsselstellen befinden, scheinen von unten gesehen schier unmöglich. Mit äußerst konzentrierten Bewegungen, oft nahe an der Sturzgrenze, schwindeln wir uns höher. Jeder gelungene Schritt ist ein Erfolgserlebnis, ein Spiel im oberen VII. Grad.

Stunden später am Ausstieg. Die müden Glieder werden in

Luft unter dem Hintern: rasante Abfahrt am Doppelseil

Vor allem im Herbst, wenn es in den Alpen vielerorts bereits zu kalt geworden ist, treffen sich hier die Sportkletterer.

der noch sehr warmen Novembersonne ausgestreckt. Im Gesicht meines Freundes Hanspeter Eisendle sehe ich Zufriedenheit. In meinem Inneren verbreitet sich eine wohltuende Ruhe. Eine schöne, erlebnisreiche Woche ist zu Ende. Erinnerungen aber werden bleiben, schöne Erinnerungen, die mich sicher irgendwann wieder zurückrufen zu den herrlichen Platten des Verdon.

Diesen Bericht schrieb ich 1981, als zu uns nach Südtirol wie durch einen Dunstschleier die ersten spärlichen Informationen von einem Märchenland des Sportkletterns gelangten. Heute zählt die Verdonschlucht in Südfrankreich zu den bekanntesten Sportklettergebieten der Welt.

Ganz unten

Von Alois Kammerlander

Es ist Nachmittag, und ich bin allein unterwegs. Die Sonne ist schon empfindlich warm, der Schnee klebt hartnäckig an den Steigfellen, und die Füße werden von Schritt zu Schritt schwerer. Warum mußt du denn unbedingt auf diesen Berg hinauf? Weil er da ist, hat Mallory einmal geantwortet. Noch weiß ich nicht, warum ich heute hinauf muß, doch Stunden später am Gipfel bin ich ganz einfach froh, daß er da ist. Ich bin zufrieden, und mich interessiert auch nicht, wie der Berg heißt, am Abend jedoch werde ich sicher wieder auf der Karte nachschlagen und an neue Ziele denken.

Wir sind in einem Bergdorf daheim und als Kinder schon auf unsere Hausdreitausender gestiegen. Es gab nur einen Weg, und wir waren damit zufrieden. Die Grenzen lagen dort, wo die Kühe beim Weiden abstürzten und die Schafe vorsichtiger wurden.

Hans ging gerade in die Schule, als die drei Sachsen ihre Winter-Direttissima durch die Nordwand der Großen Zinne eröffneten. 17 Tage lang warteten wir fieberhaft auf jeden Höhenmeter, den der Nachrichtensprecher schilderte. Vater beantwortete meine unzähligen Fragen so gut es ging, und kam nur in Verlegenheit, als ich wissen wollte, wie sie aus der Wand zur sonntäglichen Messe kämen.

Mit allerlei Eisenstiften versuchte ich an den Lichtmasten, die damals noch aus Holz waren, es den kletternden Sachsen

Technische Partie: 1976 in der Via Italia am Piz Ciavazes

Steiler Hang I: schwere Arbeit auf dem Bergbauernhof

Steiler Hang II: leichte Kurvenfahrt um viele Stangen

gleichzutun. Die Enttäuschung war groß, als sie die letzten 50 Höhenmeter an einem Tag schafften.

Der Alltag kehrte wieder ein, die Wände waren weit entfernt.

Schon sehr früh kam ich zur Arbeit nach Bozen. In den Freizeit lockte nun die Stadt mit all ihren Annehmlichkeiten. Doch auf einmal hatte ich wieder Kontakt zu den Bergen. Ein Freund mit Motorrad war einmal mit Bergsteigern auf den Fensterleturm geklettert und hatte sich dann gleich ein Seil und etliche Karabiner gekauft. Nun brauchte er nur noch einen Partner. Wir taten uns zusammen. Von Routenbeschreibungen wußten wir beide nichts, und wenn wir zuwenig Karabiner hatten, wurde das Seil einfach durch die Ösen der Haken eingefädelt. Mein Freund fand bald darauf im Laufsport seine Erfüllung, und ich hatte durch glücklichen Zufall mit

Begeisterung I: Pokale für Bergläufe und Skirennen

Begeisterung II: ohne Trophäe auf einsamen Gipfeln

einigen Mitgliedern der Hochtouristengruppe Bozen Bekanntschaft gemacht.

Plötzlich neben großen Namen wie Abram, Messner und Schrott klettern zu dürfen war für mich überwältigend, da gab es nur noch eines: den Sonntag und die Wände.

Wenn ich zwischendurch mal nach Hause kam und von Tourenerlebnissen oder von Reinhold Messner zu erzählen wußte, blieben dem Hans Mund und Ohren offen. Ganze Tage und halbe Nächte wurde er nicht müde, davon zu hören. Schließlich durfte er sogar einmal mitkommen, um uns zuzuschauen. Die »Holzerkante« an der Cima Pisciadù wollten wir begehen. Nicht wenig erschrocken waren wir, als er uns nach der ersten Seillänge plötzlich einholte und nur mit Mühe zum Umkehren zu bewegen war.

Immer häufiger war er nun an den gefährlichen Felsen der Rieserfernergruppe unterwegs, an deren wackligen Graten er ein ausgeprägtes Gleichgewichtsgefühl entwickelte. 2000 Höhenmeter vom Tal zum Gipfel waren die durchschnittliche Höhendifferenz. Es schien mir jetzt höchste Zeit, ihn einen Kletterkurs besuchen zu lassen. Bei den Sonntagskursen des Alpenvereins durfte er bald den V. Schwierigkeitsgrad vorsteigen. Als wir im gleichen Sommer über die Langkofelkante kletterten, war ich schon froh, als nach einem Verhauer meinerseits seine Hand von oben zu Hilfe kam. Das Seil hatte ich wie so oft auf dem Rücken.

Hans' Ziele wurden klarer, doch hatte er mit den Partnern seine liebe Not. Auch im Nachbardorf Sand – obwohl ein Ort mit Bergsteigertradition – versank das Felsklettern nach dem großen »Stabeler« (international bekannter Bergführer der Jahrhundertwende aus Sand) wieder in eine Nebenrolle. Die Alpinisten und Gäste waren mehr auf den Gletschern der näheren Umgebung unterwegs.

Am Anfang galt es, die eigene Sturm- und Drangzeit heil zu überstehen. Immer größere Touren mit fast ausschließlich verschiedenen Partnern folgten, auch Alleingänge, von denen er nur zögernd erzählte. Ab und zu besuchte er uns in Bozen, und von dort gingen wir – wie konnte es auch anders sein – hinaus in die Berge.

Als er sich für die großen Westalpentouren zu interessieren begann, fand er in Werner Beikircher aus Sand den Partner für eine langjährige Seilschaft, die sich ideal ergänzte. Zusammen gelangen ihnen die Nordwände von Grandes Jorasses, Eiger und Matterhorn.

Schließlich aber war es Zeit, auch etwas »Vernünftiges« im Leben zu machen. Seinem Drang nach Freiheit gemäß gab er den Job als Kranführer bald auf und legte die Skilehrerprüfung ab. Es war schon immer sein großes Ziel gewesen, im Sommer als Bergführer zu arbeiten. Für die notwendige Prüfung mußte er allerdings lernen, vorschriftsmäßig, autoritätsgläubig und nach Schulbuchwissen zu arbeiten. Zu weit hatten ihn die vielen schweren Touren der Vergangenheit in einen eigenen, sicheren, aber enorm schnellen und unkonventionellen Kletterstil hinausgeführt. Trotzdem bestand er die Bergführerprüfung mit hoher Punktzahl.

Hier endet eigentlich die Strecke, die wir zusammen gegangen sind. Wir klettern auch heute noch manchmal zusammen, aber die Führungsrolle – und wohl auch das Können – hat sich umgedreht. Hans hat sich voll und ganz für die Berge entschieden und seinen Weg gemacht.

Die Einladung von Reinhold Messner zur Cho-Oyu-Expedition 1982 kam gerade im rechten Augenblick, es war Zeit für den nächsten Schritt.

Spiel mir das Lied vom Tod

– *Hallo, hallo, Marcel, hörst du mich?*
– *Ja, natürlich, was gibt's?*
– *Warst du nun am Cho Oyu, ja?*
– *Sicher, alles klar!*
– *Okay, Marcel, erzähl – eine Erstbegehung?*
– *Nein, das nicht, aber recht flott und sauber ist's gegangen.*
– *Habt ihr Erfrierungen? Erzähl.*
– *Nein, ziemlich glatt alles diesmal.*
– *Sonst was Besonderes, toter Sherpa oder so?*
– *Du, eigentlich nicht, bin recht happy.*
– *Na gut, ich werde sehen – bin aber nicht sicher, ob sich diesmal etwas machen läßt, etwas wenig Drive, du verstehst?!*

Marcel Rüedi, ein befreundeter Schweizer Bergsteiger, erzählte mir sinngemäß dieses Gespräch im Basislager des Makalu im Herbst 1986. Es bildete den Inhalt eines Telefonates, das Rüedi mit einem bekannten Journalisten führte, der über ihn, den sehr erfolgreichen, 47 Jahre alten Höhenbergsteiger, bis dahin schon einige Zeitungsberichte veröffentlicht hatte. Als Teilnehmer getrennter Expeditionen waren wir zufällig zusammengetroffen, und beide hatten wir das Ziel Makalu I, 8482 Meter hoch. Marcel schien sehr enttäuscht darüber, daß

Unterhalb des Basislagers am Mount Everest:
Praktisch überall an den vielbegangenen Anmarschwegen des Himalaya findet man Gedenktafeln für abgestürzte Bergsteiger.

INTERNATIONAL
HIMALAYAN
EXPEDITION
IN MEMORY OF
HARISHWAR DAYAL
19.V.64
1963

alpinistische Erfolge in diesen Zeiten offensichtlich nur noch mit einer Totengarnierung zu verkaufen waren. Keiner konnte ahnen, daß er selber schon eine Woche späten den erwünschten Stoff liefern würde. Beim Abstieg vom Gipfel des Makalu, seines zehnten Achttausenders, starb Marcel auf 7900 Meter Höhe an Erschöpfung.

Der Tod als ständiges Risiko, als Tragödie, als Geschäft, als kalkuliertes Risiko oder als Schicksal ist untrennbar mit dem Alpinismus verbunden. Ein ausgelassenes Tor beim Fußball, ein verhauter Aufschlag beim Tennis kann zermürbend, für die sportliche Laufbahn fatal sein, aber sie sind nicht lebensgefährdend. Ein verlorenes Steigeisen, ein vergessener Höhenmesser dagegen können in zahlreichen Situationen physische Vernichtung bedeuten.

Die Auseinandersetzung mit dem Risiko, die Aufarbeitung der Gefahr müßte daher, so sollte man meinen, einen intensiven Bezug, eine umfassende Beschäftigung der Bergsteiger mit dem Thema Tod herstellen. Das ist nicht der Fall. Viele Alpinisten der schärferen Richtung, so meine Erfahrung, begegnen der Tatsache der Lebensgefährdung nicht mit Analyse, sondern mit Verdrängung.

Aber ich möchte mich hier ganz bewußt nicht mit der Begründung, der Rechtfertigung unseres Tuns befassen. Nicht wenige der Berg- und sonstigen Schriftsteller haben sich dieser Frage bereits angenommen und sind, wie mir scheint, zu keinem besonderen Kern gekommen. Worum es mir geht, ist die nähere Betrachtung unserer Haltung, wenn das Unaussprechliche, das Gefürchtete, knapp neben uns eingeschlagen hat. Einige Gedanken über die Ästhetik des endgültigsten aller Lebensschritte, wenn wir nicht selbst betroffen sind.

Welche Farbe hat der Tod?

Es war an einem Freitag in den Dolomiten. Ich hatte zugesagt, einen Kunden über die Dibona-Kante auf den Gipfel der

Großen Zinne zu führen. Auf ungefähr halber Höhe der Route wurde von einer Seilschaft, die über uns kletterte, ein kopfgroßer Felsbrocken losgetreten, der in freiem Fall auf uns zuraste. Wegen einer zu kurz geratenen Selbstsicherung konnte ich mich kaum bewegen und mußte untätig zusehen, wie der Stein nur wenige Zentimeter neben mir einschlug. Zahlreiche Splitter bohrten sich in meine Wange, doch mehr geschockt als verletzt kletterten wir weiter zum Gipfel. Hier traf ich meinen Bergführerkameraden Hansi von Leon, der die Gruppe über uns geführt hatte. Wir gehörten derselben Alpinschule an. Und zufällig waren wir beide für die folgende Woche in der Ortlergruppe eingeteilt worden.

Dort bestiegen wir am 13. Juli 1982 mit vier Gästen den Ortler über den Hintergrat. Bereits um neun Uhr hatten wir den höchsten Punkt erreicht und begannen eine Stunde später mit dem Abstieg über den Normalweg in Richtung Payerhütte. Angeseilt querten wir kurz vor Erreichen des Lombardi-Biwaks eine Schneeflanke, als sich rechts über uns eine Eiswächte löste und als Schnee- und Eislawine auf uns zudonnerte. Ein Entrinnen war nicht möglich, das Seil hielt jeden an seinen Platz gefesselt, bis uns die tödliche Mauer mit voller Wucht erfaßte, etwa 200 Meter in Richtung »Bärenloch« mitschleifte und dann über eine hohe Spaltenlippe in den Abgrund spülte.

Für zwei von uns gab es keine Rettung mehr. Ein deutscher Gast und mein Freund Hansi von Leon waren von der Lawine in die Spaltenöffnung gerissen und dort von tonnenschweren Schneemassen begraben worden.

Gibt es eine Choreographie, eine Theaterregie, wenn der Tod zuschlägt?

Wie hatten wir noch über den Dreizehnten geflachst beim morgendlichen Aufbruch, gealbert über die Vorzeichen der vergangenen Woche! Und als der Hubschrauber dann die Toten barg, sie aus der Luft aufzog mit seiner Seilwinde, da gelang es ihm nicht, sofort durchzustarten in der großen Höhe. End-

Der Tod als Wegbegleiter:
am Gasherbrum II und an der Annapurna

lose Zeit, so schien es mir, ließ er die sterblichen Überreste noch über meinem Kopf baumeln, der ich selber entnervt und zerstört neben der Spalte saß.

Was war die Ursache, gab es eine Schuld? Experten und Theoretiker aller Couleur ließen nicht lange auf sich warten mit ihren Meinungen. Anschuldigungen jeglicher Art prasselten auf uns Überlebende nieder. Alpinjournalisten und Gutachter aus dem Ausland, aber auch Bergführerkollegen aus dem Südtiroler Verband glaubten Fakten und Hintergründe besser zu kennen, so als wären sie selbst dabeigewesen.

Ich versuchte meine Verantwortung zu objektivieren, mit mir mitleidlos und ehrlich ins reine zu kommen, und ich glaube heute, daß die Ereignisse nicht vorhersehbar waren. 20 Jahre lang war an dieser Stelle kein Eisschlag abgegangen, auch der Zeitplan stimmte. Viele der Suldner Führer, die den Berg wie ihre Hosentasche kennen, waren an diesem Tage am Ortler unterwegs.

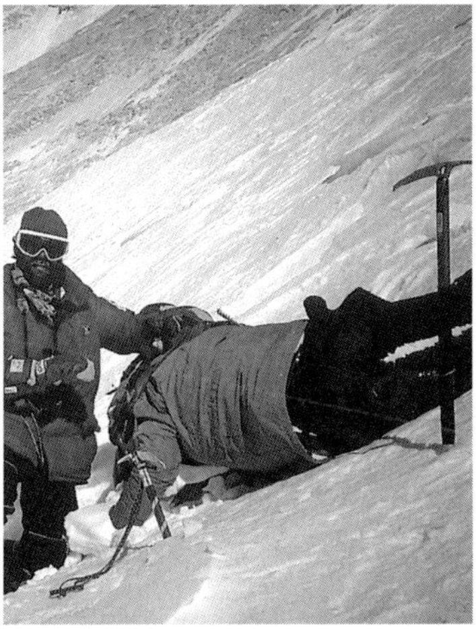

Opfer der Höhe: Immer wieder verunglücken Bergsteiger an den Achttausendern – nicht alle werden bestattet.

Was mich bei dieser ersten hautnahen Begegnung mit Freund Hein so getroffen hat, waren nicht die Bemühungen, aus einem Unfall konstruktive Analysen zu finden, sondern die Erkenntnis, daß sich die verschiedensten Leute eigentlich aus handfesten persönlichen Interessen auf das Trittbrett unserer Trauer geschwungen hatten. Da gab es jene, die bei jedem Aufsehen ihren Scheffel ins Licht stellen müssen, solche, die aus Konkurrenz in der Branche die Arbeit in unserer Alpinschule treffen wollten, und einige schließlich, die mit verschiedenen Randpersonen des Unglücks noch irgendeine Privatfehde offen hatten. Es war wohl aller Geschäft.

Ich begann wieder zu klettern. Eine Woche später war ich erneut in den Dolomiten unterwegs. »Plattenspieler« nannte ich die Route in der Nordwand des Zweiten Sellaturms, eine Erstbegehung. Nicht »The show must go on«, sondern einfach Bewältigung, Verdauung. Was hätte ich auch tun sollen? Zu

Hause sitzen und eine Zerknirschung üben, die nicht stattfand? Ich war traurig, gewiß, aber ich wollte kein Schauspieler sein. Bergsteigen ist mein Leben, mein Beruf. Und ich möchte es gut machen, wenn ich unterwegs bin, auch meinen Gästen gegenüber, in Rechenschaft.

Unterwegs sein, ja, auf den Bergen dieser Welt. Unterwegs mit meinem Leben, dem Leben voran. Unterwegs auch, wo das Leben weggegangen ist. Vorbei an Tragödien, vorbei an Menschen, die aufgehört haben zu steigen, dem Leben hinterher.

Am Gasherbrum II eine Leiche neben der Spur. An der Annapurna, unweit des Basislagers, eine Hand im Schnee, skelettiert. Am Makalu, im Winter 1985, zwei Franzosen, einer abgestürzt aus 7000 Meter Höhe, der andere erfroren eine Gehstunde weiter oben. Am Lhotse ein Schweizer Arzt, mitgerissen von einer Lawine, am Makalu 1986 ein Amerikaner, beim Abstieg einfach liegengeblieben in einer Geröllhalde.

An allen bin ich vorbeigekommen, habe nachgedacht, gegrübelt. Dann habe ich beerdigt, so gut es ging, da in einer Spalte, dort im Schnee, oder einfach nur die Habseligkeiten zurückgeschickt in ihre Heimat. Einige Male bin ich auch stumm vorbeigegangen wie mehrere Expeditionen vor mir, unfähig, etwas zu tun. Die Achttausender als Müllhalde menschlicher Schicksale? Vielleicht.

Zweifellos sterben zu viele hoffnungsvolle Gipfelstürmer an den hohen Bergen der Welt. An der Annapurna gab es bis 1985 mehr Opfer als Gipfelersteiger. Am K 2 blieben 1986 neben 27 Einzelerfolgen 13 Bergsteiger auf der Strecke. 50 Prozent einer Bergsteigergeneration – bezogen auf die Spitzenleute – kommen nicht zurück.

Es geht mir, wie gesagt, nicht um die Legitimation einer Lebenseinstellung, einer freien Entscheidung. Es geht mir um die Würde, die Einstellung einem Nächsten gegenüber, der zu einem gegebenen Zeitpunkt etwas weniger Instinkt oder Glück als ich selber hatte.

Zwei Aspekte sind es vor allem, die mir in diesem Zusammenhang auffallen, und zwar einmal das markante, ratlose, von unterschwelligen Vorwürfen begleitete Unbehagen, das die Übrig- und Hinterbliebenen eines Alpinunfalles befällt, und zweitens – als schlimmere Folge – das blanke Geschäft mit dem Drama.

Zur ersten Erscheinung kommt es dadurch, daß dem Bergsteigen eine rein materielle Rentabilitätsbasis meist fehlt. Es würde unserer Gesellschaft leichter fallen, eine Entlastung und Logik für einen Schicksalsschlag zu finden, wenn »rationale«, sprich profitorientierte Beweggründe zum Ablauf eines bestimmten Geschehens geführt hätten.

Außerdem hinterläßt ein Verhängnis am Berg oft das diffuse Gefühl einer zumindest geringen kollektiven Schuld. Viele der Zubringerwege zu Kletterrouten in unseren Alpen sind gepflastert mit Gedenktafeln aus Marmor, Holz oder Eisen, mit Kreuzen und Steinmännern, die dem Vorbeigehenden einen ihm meist unbekannten Kameraden ins Gedächtnis rufen sollen. Nichts gegen die Kennzeichnung eines Grabes an dafür eingerichteten Orten, aber die freie Natur sollte man doch damit verschonen. Nur zu oft ist es so, daß deren Montage weniger dem hehren Gedanken an einen Freund dient, als vielmehr der Beruhigung des eigenen Gewissens. Wie wird es in hundert Jahren in unseren Bergen aussehen, steigen wir dann durch eine Ahnengalerie?

Bei meinen Fahrten in ferne Länder und zu ursprünglichen Kulturvölkern habe ich in bezug auf eine natürliche Einstellung zu elementaren Lebensfragen einiges gelernt.

Als ich im Herbst 1986 durch das Solo Khumbu in Nepal marschierte, verunglückte bei der heimischen Feldarbeit ein Sherpa durch Sturz in einen Gebirgsbach. Sein Bruder, der zur gleichen Zeit bei unserer Gruppe beschäftigt war, erfuhr einen Monat lang nichts von dem Vorfall, obwohl die Nachricht in zwei Tagesmärschen zu übermitteln gewesen wäre. Nach dem

Abstieg in das Tal, wo uns die Mitteilung des Unglücks erreichte, verabschiedete sich der Mann von unserer Gruppe, um zu trauern, kam aber am nächsten Tag schon nach, um seine Arbeit wieder aufzunehmen. Das alles mag für uns Europäer unvorstellbar sein, doch wage ich zu sagen, daß nicht diese Menschen, sondern wir den natürlichen Bezug zu diesen Dingen verloren haben. In der nach Generationen gestaffelten Auflösung der Familien, wie sie in unseren Städten gang und gäbe ist, zerfällt die Vorstellung von Geburt und Tod als Kreislauf. In der Sterilisierung des Alltagslebens, in der Kasernierung von Krankheit und Alter kommen viele Leute recht selten mit den markanten Schnittpunkten menschlicher Existenz in Berührung. Daraus lassen sich vielleicht unsere heutigen Sprachstörungen bei diesem Thema erklären, daraus leitet sich auch die Ausnahmestellung des Begriffes Tod in unserer Vorstellung ab, dessen Abgleiten ins Irreale, Okkulte, Sensationelle.

Und ins Geschäft. Ohne Verträge mit Industrie und Medien sind größere Auslandsfahrten nicht mehr zu finanzieren, wie ich an anderer Stelle schon erwähnt habe. Heute ist es aber so, daß man leichter den Abbruch, das Scheitern eines Unternehmens verkaufen kann (vorausgesetzt, man kann ein Unglück mitliefern) als den sauber und glücklich erreichten Gipfel.

So kann ich mich an eine österreichische Expedition des Jahres 1986 in die Antarktis erinnern, die dort alpinistische Ziele verfolgen sollte. Von der Abfahrt bis zur Rückkehr war deren Geschichte in einer erstaunlichen Breite in den vielfältigsten Gazetten präsent, auch das Fernsehen brachte eine filmische Dokumentation. Es wurden dabei aber keine herausragenden sportlichen Leistungen oder wissenschaftliche Resultate erbracht, ja nicht einmal der Ausgangspunkt des Unternehmens erreicht: das Schiff, das Mannschaft und Ausrüstung zum Start bringen sollte, war einfach untergegangen.

Ebenfalls im Jahr 1986 passierte am K 2, dem zweithöchsten Berg der Welt, eine der bis dahin größten Katastrophen des

Nicht selten sitzen Bergsteiger und Journalisten in einem Boot: mit dem österreichischen Achttausender-Bergsteiger Willi Bauer im ORF-Studio

Höhenalpinismus (fünf Tote durch Höhensturm). Die überlebenden Verletzten waren noch nicht im Krankenhaus, als die Printrechte der Tragödie bereits an eine große deutsche Wochenillustrierte verkauft waren. Das geht so weit, daß Verlagshäuser ihre Türsteher vor Krankenzimmern plazieren, um die Exklusivität zu gewährleisten. (Der Objektivität halber sei aber auch gesagt, daß der Österreicher Willi Bauer, ebenfalls Teilnehmer dieser Unglücksexpedition, das Honorar seines Berichtes – in einer anderen Illustrierten erschienen – den Hinterbliebenen der K 2-Opfer überlassen hat.)

So weit, so makaber.

Nun gibt es aber neben derartigem offensichtlichem Schacher um Tote am Berg eine weitere Variante, bei der das Geschäft mit dem Verhängnis nicht vordringlich auf finanziellen Gewinn ausgerichtet und dadurch schwerer durchschaubar, ja oft nur

Insidern zugänglich ist. Anlaß ist auch hier das Scheitern von alpinistischen Vorhaben.

In der Regel geschieht es, daß Expeditionen nach Zwischenfällen mit tödlichem Ausgang das Unternehmen abbrechen – mit dem Hinweis auf Pietät und Solidarität mit dem oder den Verunglückten. Wenn man nun weiß, daß solche Expeditionen heute aus verschiedenen Gründen oft so zusammengewürfelt werden, die Teilnehmer sich vorher nicht und nachher kaum kennen, sind die erwähnten Gründe nicht stichhaltig. Man verstehe mich hier nicht falsch, es ist nicht Herzlosigkeit, die mich diese Zeilen schreiben läßt, sondern der genaue Einblick in einzelne Vorfälle. Da war es nicht Mitgefühl unter manchmal eifersüchtigen und gar nicht so freundschaftlichen Rivalen, die nur durch die gemeinsame Absicht zusammengehalten wurden, sondern blanke Angst, Panik oder gar der Ausfall einer Schlüsselperson, die weiteres Vorgehen aussichtslos erscheinen ließ. Auch das ist Krämertum. Warum nennt man die Dinge nicht beim Namen?

Wohl, weil es die Öffentlichkeit nicht verstehen würde. Diese hält, was den Alpinismus betrifft, eisern am Trenkerschen Ehrenkodex fest, nach dem sich Kameradschaftsgeist darin äußert, einem verunglückten Freund durch devote Untätigkeit Verbundenheit zu zeigen, obwohl es dieser selbst vielleicht lieber gesehen hätte, wenn die gemeinsam begonnene Idee erfolgreich beendet würde.

Auf anderen Schauplätzen ist man da weniger zimperlich. Das Fußball-Europacupfinale 1985 zwischen Juventus Turin und dem FC Liverpool wurde weitergespielt, während sich auf den Rängen über 30 Zuschauer zu Tode prügelten. Die Portugalrallye 1987 wurde nicht abgebrochen, obwohl ein einheimischer Privatfahrer in die Zuschauermenge gerast war und eine Schneise des Verderbens hinterlassen hatte (wie schon ein Jahr zuvor der Lancia-Pilot Santos). Derselbe Fahrer setzte sich am nächsten Tag wieder hinters Steuer und fuhr die Rallye zu Ende. Und warum beendet man nicht Boxkämpfe, bei denen das Publikum gerade deshalb Eintritt zahlt, um der Demolierung menschlicher Gesundheit zuzujubeln? Die Reihe ließe sich fortsetzen, nur wir Bergsteiger fallen schlimmen Verdächtigungen anheim, sollten wir nicht einigen dubiosen gesellschaftlichen Gesetzen gehorchen.

Als Mitglied meines heimatlichen Bergrettungsdienstes bin ich im Sommer sehr oft unterwegs, um ehrenamtlich und manchmal unter erheblichem Risiko Menschen aus Bergnot zu retten. Auch das Zusammenlesen von arg zugerichteten Leichen oder sogar von Leichenteilen gehört zu unserer Aufgabe, für die wir ohne zu zögern und zu jedem Zeitpunkt einstehen.

Ich könnte mir aber vorstellen, daß es eine Situation gibt, in der ich weitersteigen würde zum Ziel meines Lebenstraumes, auch wenn der Partner unvermutet stirbt oder abstürzt. Ich sage das mit aller Deutlichkeit und genauer Überlegung, die mir in dieser Sache geboten scheint. Voraussetzung wäre, daß keine Hilfe mehr möglich ist und daß keine meiner Handlungen eine Änderung der Situation herbeiführen könnte. Ich würde weitersteigen bis zum Gipfel, um dann beim Abstieg oder später vom Basislager aus dem Kameraden den letzten Dienst zu erweisen, sofern dies unter Berücksichtigung der objektiven Gefahren möglich und sinnvoll wäre. Ich würde weitergehen, um den Leuten mehr vom Gipfel zu erzählen und weniger vom Verderben.

Wenn ich bis jetzt Kritik geübt habe an den vielfältigen Formen der Vermarktung eines Schicksals, so ist mir doch klar, daß die Pflicht zur objektiven Darstellung eines Abenteuers negative Geschehnisse nicht verschweigen darf. In diesem Sinne kommen auch in diesem Buch und in meinen Vorträgen Abbildungen und Schilderungen von Unglücken vor. Es gibt aber, wie ich meine, einen entscheidenden Unterschied zwischen nüchterner Wiedergabe eines Ereignisses und dem Deal damit.

Beim Aufbruch von Lager II zum Gipfel des Makalu am 25. August 1986 sahen wir mit dem Fernglas in der Nähe des höchsten Punktes eine Gestalt abwärts steigen. Es war Marcel Rüedi. Er hatte eine Nacht ohne Biwakausrüstung in Gipfelnähe verbracht und schien sichtlich erschöpft und langsam. Trotzdem war klar, daß wir innerhalb einiger Stunden mit ihm zusammentreffen würden, da wir alle auf der gleichen Route unterwegs waren. Es wurde eine Begegnung der anderen Art. Knapp unter 8000 Meter Höhe stießen wir auf Marcel, der bewegungslos und leicht vornübergebeugt im Schnee saß. Der starke und so lebensfreudige Spitzenbergsteiger, den wir wenig vorher noch hatten absteigen sehen, war tot. Ein Sherpa machte ein Bild mit meiner Kamera, im übrigen wollten wir uns zurückhalten, da die Gefährten der Gruppe, zu der er gehört hatte, alles Nötige veranlassen wollten. Leider kam es nicht mehr dazu. In der folgenden Nacht setzte lang anhaltender, starker Schneefall ein, der eine Bergung sterblicher Überreste unmöglich machte.

Nachdem unsere eigene Expedition gut zu Ende gegangen war (und auch die folgende am Lhotse), kehrten wir drei Wochen später nach Kathmandu zurück. Dort erwartete uns eine Meute von Presseleuten, die Informationen vom Rüedi-Drama ergattern wollte. Vor allem Schweizer Reporter hatten es auf Fotos abgesehen, immer wieder überfiel man uns mit Forderungen nach Bildern.

Zusammen mit meinen Partnern hatte ich damals einen Exklusivvertrag mit der deutschen Illustrierten »Bunte« für einen großen Farbbildbericht der Expedition und war verpflichtet, alles Bildmaterial an die Redaktion abzuliefern. Zu diesem Zweck gingen alle unsere belichteten Filme noch vor unserem Abflug per Luftpost nach München, um dort in einem Spezial-labor entwickelt und ausgewertet zu werden. Die betreffenden Container waren bereits am Flughafen, als uns ein Telex aus der Schweiz erreichte, abgesandt von der Ehefrau Rüedis. Sie bat darin, eine Bildveröffentlichung über ihren Mann nicht zu begünstigen oder nach Möglichkeit zu verhindern. Die Bitte war an alle gerichtet, die in der entsprechenden Zeit an dem Berg und mit dem dritterfolgreichsten Achttausendersammler zusammengetroffen waren.

Es stellte sich heraus, daß ich der einzige war, der eine Aufnahme des toten Marcel besaß. Ich rannte zum Flughafen, suchte aus einigen Kilo Filmpatronen eine bestimmte Markierung heraus und steckte sie in mein Handgepäck. Zu Hause angekommen, ließ ich den Film von einem vertrauenswürdigen Bekannten entwickeln, die Gipfelserie war mir recht gut gelungen.

Das Dia mit der Nummer 16 habe ich vernichtet.

Fata Morgana

Immer wieder gehe ich als Bergführer mit Gästen über das Schuttkar hinauf zum Einstieg des Dritten Sellaturmes. Immer wieder passiert mir dasselbe: Ich stolpere, rutsche und taumle herum wie ein Besoffener. »Ein schlechter Bergführer!«

Schuld daran ist nicht etwa der Weg, der hier besonders schlecht wäre, sondern die Platten des Zweiten Sellaturmes. Sie üben auf meine Augen eine fast magnetische Anziehung aus, bis ich irgendwann einmal einsteige, einfach hinaufsteige und probiere. Auch Hanspeter Eisendle, mein Freund, spricht manchmal von den weißen Platten links der Messner-Route. So manches ist uns schon gelungen, auch noch am Abend, nach unseren Führungstouren. Die Furchetta-Nordwand (Solleder) durchstiegen wir zusammen in der Abendsonne in drei Stunden. Vielleicht geht auch dieser Nordwandtraum einmal in Erfüllung.

Freitag. Es ist soweit. Zusammen stehen wir am Sellapaß. Autos kommen, Kletterer steigen aus, sie schlüpfen schnell in ihre Schuhe. Seile und Karabiner werden umgehängt, alles Klettervolk eilt hinauf zu den Türmen, in die Sonne.

Wir haben keine Eile, unser Ziel liegt noch im Schatten. Im übrigen kümmert sich niemand darum. An den schwarzen Wasserstreifen der Messner-Route tropft und trieft es noch. Heuer sind wir die ersten Eindringlinge in das Plattenparadies

des Zweiten Turmes. Trocken ist nur der weiße Plattenpfeiler im linken Wandteil. Den wollen wir versuchen. Am Einstieg herrscht Spannung. Hanspeter beginnt. Kurz zögert er, dann klettert er über die abdrängende Stelle am Einstieg. Sein rasches Vorwärtskommen erstaunt mich. Elegant überwindet er einige sehr heikle Stellen. Seine Bewegungen wirken ruhig, entschlossen. Er tänzelt zum ersten Stand. »Nachkommen!«

Herrliche Kletterei, Freude kommt auf. Mit wenig Hoffnung auf Erfolg gehe ich die zweite Seillänge an. Ein kurzer Piazriß, eine gelbe Nische, noch geht es. Gefaßt, jeden Moment auf eine für mich unmögliche Stelle zu stoßen, steige ich langsam weiter. Das Spiel mit dem Ungewissen ist doch anders, liegt mir doch mehr als die Suche nach Perfektion der Bewegung in einer bereits bekannten Route. Das Unmögliche kommt und kommt nicht. Im Gegenteil, es ist gar nicht so schwierig. Graue, senkrechte Plattenschüsse und immer wieder kleine und große Wasserlöcher. Dann, wie auf Bestellung, die Sanduhren: kleine zur Zwischensicherung, große am Standplatz. Kein Haken bis zum Gipfel, faszinierende Kletterei in superfestem Fels. Am dritten Standplatz eine Steinbank zum Hinsetzen. Unglaublich! Ist das alles nur ein Traum? Oder handelt es sich um eine optische Täuschung, um eine alpine Fata Morgana?

(1983)

Sella-Türme: Durch die schattige Nordwand des zweiten Turms zieht die Fata Morgana (vorige Doppelseite).

Mein Freund Hans

Von Werner Beikircher

> *Dort, wo die Grenzen enden,*
> *die Wege sich verwischen.*
> *Wo das Schweigen anfängt.*
> *Dort dringe ich langsam vor*
> *und bevölkere die Nacht mit Sternen,*
> *mit Worten, mit dem Atem*
> *eines fernen Wassers,*
> *das mich erwartet,*
> *wo die Frühe beginnt.*
> Octavio Paz

Schauplatz Dolomiten, ein Vormittag. Auf breiten Wegen ebensolche Leute, viele. Schöne Frauen zeigen gutes Wetter an, bei schlechtem Wetter gibt es keine schönen Frauen unter der Kleinen Zinne. Ab und zu ein Mensch.

Touristen auch unter der Südwestwand. Der Steilberg drückt ihnen die Köpfe in den Nacken, unter dem dreieckigen Dach in der Wandmitte »macht einer hoch«. Gerade noch zu schaffen mit dem kreativen Zweifünfziger.

Der Mensch in der gelben Wand klettert allein, ohne erkennbaren Fortschritt, wenn man draufschaut, aber nach kurzem Wegblicken deutlich weitergerückt, wie der Minutenzeiger einer Uhr. Doch er ist schnell. Zwar nicht so schnell, wie die Zuschauer abhauen, sobald er in den Gipfelfelsen verschwindet, aber schnell nach jenem Zeitverhältnis, das Spitzenklettern (von vielen gewollt und von niemandem zugegeben) meßbar macht. Und er ist allein. Allein, weil es wenige gibt, die ihm folgen können, vor allem aber, weil er es sein möchte.

Ich weiß, daß er nicht Fußball spielen kann und nur wenig Italienisch spricht.

Wuchtiger Klotz: der Sellastock von Westen her gesehen

Jahre später. Hans erzählt mir, daß es möglicherweise die erste Alleinbegehung gewesen sein könnte, vielleicht ... niemand weiß ... Auf jeden Fall freue er sich immer noch über die Egger-Sauscheck in einer Stunde und 15. Ich mag diese Stunden, wenn Hans erzählt, sehr sicher, nicht wortkarg, nur stiller werdend, wenn jemand in unsere Nähe kommt.

Ich weiß nicht, wie oft wir uns in Zukunft sehen werden, er ist seit einem Jahr Bergführer und arbeitet auswärts. Er hat mir oft erzählt, viel von Bergen und Rennen, wenig von seiner Mutter, die er früh verloren hat. Dazwischen lagen Monate, Wochen und Wände, seine Wände, 700 Meter hoch die letzte, allein. Manchmal scheint es mir, als hörte ich ihn von weit her, weiter als 700 Meter und einen Wirtshaustisch, zu weit, um

miteinander sprechen zu können. Auch er kennt diese Touren, wo ich unten stehe, wenn er klettert, und ich steigen kann, wo er keinen Einstieg findet. Dann freue ich mich, daß wir auseinandergeklettert sind, weiter als alle Seillängen eines Sommers, jeder auf seinem Weg.

Ein Rückblick. Jahrhundertwende im Tauferer Ahrntal. Der Alpinismus und mit ihm das Führerwesen waren in der Hochblüte. Im Tal führte unter anderen auch der Stabeler Hansl, gebürtig in Taufers. Der Mann mit 25 Erstbegehungen in den Dolomiten kannte Ost- und Westalpen und war eine der bekanntesten Persönlichkeiten jener Zeit in den Bergen. Danach ging es mit dem Alpinismus bergab. Krieg und Grenzziehungen leg-

ten die Aktivität in den Bergen lahm, die Entwicklung in unserem Tal stagnierte.

Die Generation nach dem Zweiten Weltkrieg beginnt wieder zu klettern. Ich höre von ihm, von Hans (nomen est omen?) und lerne ihn kennen. Jahre gemeinsamer Touren folgen. Langsam werden diese ausgesuchter, länger und schwieriger. Hans beginnt allein zu gehen. Es sind Touren, auf denen ich ihm ohnehin nicht folgen könnte. Hans ist jung, doch bald kennen ihn in Südtirol die meisten, die Wochenende für Wochenende in den Bergen sind.

In der Micheluzzi-Route am Piz Ciavazes überholt er sechzehn Mann und ist nach einer Dreiviertelstunde oben am Band; für die Scoiattoli-Route an der Cima Scotoni braucht er zwei Stunden und zwanzig Minuten. In der Matterhorn-Nordwand erkläre ich ihm, daß es mir unverständlich ist, wie man Dolomitenberge schön finden könne. Er sagt nichts. Klettert weiter in den Dolomiten. Ein paarmal fährt er ohne Tour nach Hause, nicht eingestiegen, jawohl. Er ist kein Hasardeur. Selten hat er ein Seil dabei, manchmal ein Mädchen. Auf der Fahrt durch

Frühling in den Zillertaler Alpen: Hans Kammerlander und rechts Werner Beikircher

Steiler Fels: Beginn einer neuen Klettersaison

den Montblanc-Tunnel erzählt er mir, wie unverständlich es ihm ist, Selbstmord begehen zu können. Einer aus seinem Dorf hat es versucht.

Vergangene Woche habe ich Hans getroffen, zufällig, an einer Straßenkreuzung. Zuerst kurbelte er das Fenster seines Wagens herunter, dann begann er am Rücksitz zu suchen und zog schließlich etwas aus einem Versteck unter Pullovern hervor: Er wolle endlich anfangen, Italienisch zu lernen, mit seinen 23 Jahren, und ich merkte, daß er das Schulbuch nicht jedem gezeigt hätte.

Ich freue mich darüber, mit Hans klettern zu können, näher als die Länge eines Seiles, zusammen auf einer Route.

(1980)

Gezeiten eines Berges
Peitlerkofel gestern, heute, morgen

In der Gegend zwischen Peitlerkofl, der gleichnamigen Scharte und den Almwiesen Gunggán wurde ein riesiger Wettermacher gesehen. In jene entlegene Ecke klingt kein geweihter Glockenton, und auch durch Gebet oder Abbrennen geweihter Kräuter war er nicht zu vertreiben. Endlich schickte man ihm ein unschuldiges Mädchen mit einem weißen Lämmlein im Arm entgegen, worauf sich der Riese beschwichtigen ließ und schließlich auch verschwand.
Fink, Der Schlern, 1962

Mein Heimatdorf Ahornach liegt ganz im Norden von Südtirol, an einem nach Süden gerichteten Berghang über dem Talkessel von Sand in Taufers. An dieser Sonnleiten zählt unser Höflein zu den höchstgelegenen und bietet einen weiten Ausblick hinaus durch das Tauferer Tal bis nach Bruneck im Pustertal. Südlich dieses bekannten Beckens erhebt sich ein sanftes Mittelgebirge als Vorbote der südlichen Kalkalpen. Noch etwas dahinter, schon so weit weg, daß die Konturen stets flimmern, der einzige wahre Dolomitengipfel, den die schwarzen Vorhänge meiner Hausberge freigeben, der Peitlerkofel. Meistens blau, nur an Föhntagen etwas wärmer in den Farben, reckt sich die Spitze wie ein Raubtierzahn in den Himmel, mit einer senkrechten Wand nach Norden.

Es ist, wie gesagt, der fernste Punkt der Welt, der aus der engen Steile meiner Jugendzeit zu erspähen war, und auch mein Vater nahm ihn sich zum Ziel, wenn er die Okulare des alten Fernglases wieder einmal zu justieren gedachte.

Nebelmeer: Blick von Ahornach über das Tauferer Ahrntal

Zu jener Zeit, als ich noch davon träumte, ein Bergsteiger zu werden, war dieser Fetzen Horizont – nur spannenbreit bei ausgestrecktem Arm – der Inhalt allen Fernwehs, der Baustoff meiner Luftschlösser, vor allem aber der Fels, durch den große Kletterrouten führen. Damals wußte ich noch nicht, daß dieser große Berg weit über den Wert des Zufalls hinaus schicksalhafte Erlebnisse für mich bereithalten sollte – jedes Mal, an dem wir uns begegneten.

Ich war gerade 15 und frisch zurück von einem Bergsteigerkurs des Alpenvereins. Mein Bruder Lois hatte mich dazu angemeldet, schon längere Zeit besorgt darüber, daß ich mich in jeder freien Minute an allen erreichbaren Felsen herumtrieb, ohne auch nur die geringsten Voraussetzungen in theoretischer Klettertechnik und Knotenkunde zu besitzen. Er selbst, fast zehn Jahre älter als ich, gehörte schon seit einiger Zeit zur extremen Klettergilde »HG« (Hochgebirgsgruppe) aus Bozen, wo er auch arbeitete. Jetzt schien ihm die Zeit gekommen, mich in die fremde, gelbe Welt der großen Dolomitenwände einzuführen, und der Peitlerkofel sollte das Ziel sein. Mein Bruder wählte die klassische, sogenannte »alte« Nordwandroute aus dem Jahr 1919, nicht besonders schwierig, aber sehr abwechslungsreich und geeignet, Spürsinn und Verständnis für eine logische Route zu entwickeln.

Es wurde ein unvergeßlicher Tag. Ich bin immer hinterher geklettert, den Spuren und dem Seil von Lois gefolgt. Am Gipfel kein Halten, von den obersten Steinen weitergeklettert in den warmen, aufsteigenden Wind des Nachmittages hinein, hinauf in phantastische Vorstellungen und Entschlüsse, die mein Leben prägen sollten.

Das Gipfelbuch, in dem seit Minuten unsere Namen standen, machte seine übliche Runde im Häuflein von schwitzenden, krebsroten Bergsteigern, die über den Normalweg der Südseite heraufgekommen waren. Beim Zusammensuchen unserer Sachen noch, kurz vor dem Abschied, habe ich einige ver-

Ende eines Tages: in den Wiesen am Fuß der Sellatürme, im Hintergrund der Langkofel und die Fünffingerspitze

stohlene, prüfende Blicke wahrgenommen. Ob ich sie gesucht habe?

Bei der einheimischen Bevölkerung heißt der Berg Sas de Pütia, ein alter rätoromanischer Name, wie überhaupt die ganze Gegend der nordwestlichen Dolomiten von dieser rätselhaften Sprache geprägt ist, vom Zusammentreffen zwischen germanischer und romanischer Kultur und von einer Landschaft, die etwas Märchenhaftes und Entrücktes zeichnet. Am Würzjoch, dem Ausgangspunkt für die Besteigung des Berges, liegen einer Hochebene gleich samtene Almmatten mit einzelnen Baumgruppen, ab und an eine Hütte. Manches Mal bin ich nach dieser ersten Klettertour hinaufgefahren zu den Kompatschwiesen und den hohen Schutthalden der Nordwand, mit dem Motorrad, dem ersten Auto, den ersten Mädchen. Bei ihnen sollte ich liegen, im weichen Gras, das meinten sie. Ich aber konnte die großen Augen der Leute am Gipfel nicht vergessen.

Es wird langsam hell, die schwarze Front des Zirbenwaldes nimmt Gestalt an, und im Osten häutet sich ein dünner, roter Streifen. Der Schnee jammert und bricht unter den Fellen, überraschend nahe an diesem Morgen das vertraute »Uhu ... uhuhu ...« eines Waldkauzes. Bereits in Untermoi waren wir mit meinem »600er« steckengeblieben, eingesunken mit allen vier Rädern im viel zu weichen Schnee. Es ist Jänner, in einem allgemein recht kalten Winter, doch an diesem Tag erträglich, um nicht zu sagen warm.

Mit Erreichen der Almterrasse am Würzjoch hat sich der ganze Himmel tiefrot verfärbt wie ein gigantischer Furunkel, in dessen Mitte die gelbe Beule des Peitlerkofels aufragt. Die Rucksäcke drücken, mit Erreichen des Nordwandkars steigen wir aus den Skiern. Es wäre angenehmer, mit den Latten weiter aufzusteigen, doch müssen wir auch an den Rückweg am Abend denken, wo wir viel tiefer, von der Peitlerscharte kommend, auf das Skidepot treffen wollen.

Die erste Begehung der Messner-Route in der Nordwestwand hat begonnen. Ich bin vier Jahre älter, bei mir ist Erich Seeber, ein verläßlicher Freund aus vielen Bergfahrten. Mit den vorbeirauschenden Sommern sind die Ziele gewachsen. Die »alte« Nordwandroute ist lange her, jetzt habe ich eine handgeschriebene Routenskizze und Informationen dabei für einen neuen, schwierigeren Weg, dazu einen Buckel voll Zeug für den einsamen Wintertag bis zum Gipfel.

Jetzt will ich staunende Blicke nicht mehr oben finden, sondern unten im Tal, und dafür mehr.

Wir kommen zügig voran. Der Fels ist kalt, aber eisfrei, nur auf Absätzen und Bändern liegt etwas Schnee. Das erste Drittel der Wand, die insgesamt etwa 700 Meter hoch ist, liegt gegen 11 Uhr vormittags bereits unter uns.

Die schwierigsten Seillängen aber erwarten uns ab Wandmitte, die in dieser Route durch ein schwach ausgeprägtes Felsband gekennzeichnet ist. Im Sommer liegt hier viel Schutt, doch jetzt ist das Band meterhoch zugeschneit. An einem Felsblock, der aus dem Schnee ragt, mache ich Stand und lasse Erich nachkommen. Er ist der ideale Partner für diese Touren, sehr sicher im Klettern, hart bis immun im Erdulden von widrigen Umständen und dabei nachsichtig genug, meine manchmal eigensinnigen Entscheidungen zu ertragen.

Kurz vor Erreichen des Bandes, in relativ leichtem, plattigem Gelände, bricht ihm unter der rechten Hand der Griff aus, und er pendelt hinaus ins Leere. Der Felsblock, um den ich die Sicherungsschlinge gelegt hatte, gehorcht mit einem häßlichen Knirschen dem plötzlichen Ruck und bleibt nach einer kurzen seitlichen Bewegung gerade noch im Untergrund stecken.

Schei ...! Daß Erich, der so gut wie nie fliegt, ausgerechnet dem schlechtesten Standplatz in der ganzen Wand auf den Zahn fühlen mußte, ist mir widerlich. Doch sein kleiner Patzer, diese kurze Unkonzentriertheit, hat ein größeres Ungeschick aufgedeckt, und das war meines.

Um nichts erschüttert, klettert Erich an mir vorbei, das Band hinüber zum Beginn der großen, entscheidenden Verschneidung. Bei jeder Bewegung lugt zwischen Pullover und Jeans eine Handbreit Rücken hervor, ich glaube, er besitzt bis heute kein Hemd passender Länge.

Über uns hat sich eine graue Wolkendecke zusammengeschoben, kein Lüftchen ist zu spüren. Die Schlüsselstelle auf halber Höhe der Verschneidung geht an mich, ganz vorsichtig und etwas aufgeregt packe ich die mit VI – bewertete Stelle an.

In den alten, klobigen Lederstiefeln kein leichter Auftrag. Immer wieder gleiten die schiffähnlichen, abgenutzten Doppelsohlen am glatten Fels ab. Unsere Ausrüstung ist schlecht, zum Verstecken schlecht. Wie oft sind wir in diesen Jahren vorbeigeschlichen an hochgezogenen Augenbrauen und berechtigter Kritik. Aber besseres Zeug ist weder Problem noch Thema, so wie dem Fuchs die hohen Trauben.

Bald nach Mittag setzen Graupeln ein. Wie Moskitos stechen einzelne Schneeflocken in den hellen Fels, zurück bleibt ein

kleiner, feuchter Fleck. Im Zusammenfließen der Kleckse erreiche ich den Pfeilerkopf am Ende der Verschneidung. Bis Erich mich eingeholt hat, nässen waagrechte Schwaden von weißen Flöhen die Platten um uns, die idyllische Almenwelt tief unter uns ist aus diesem Tag verschwunden.

Ein Wettlauf hat begonnen. Zwei Seillängen im Vierer-Gelände rennen wir gleichzeitig hinauf, nach rechts hinaus zum oberen Abschluß des großen, gelben Überhanges direkt unter dem Gipfel. Nur noch eine kurze Plattenzone und ein kleines Dach, dann sind wir draußen! Ein kleiner Quergang nach links macht mir sehr zu schaffen, mehrere Male muß ich zurück und von neuem beginnen. Mit jeder Minute wird das Schneetreiben ärger, eine Lage von Matsch liegt bereits über dem dachziegelartig geschichteten Gelände. Ein letzter Versuch, ich muß es schaffen! Mit größter Konzentration und ebensolchem Risiko schiebe ich mich vom letzten Haken weg hinaus in den eisigen Schleim. Bei jedem Ansatz schlittern die kugeligen Schuhe vom Untergrund, einzelne Schneerutsche platschen herab.

Vier Uhr nachmittags, nichts geht mehr, grau in grau steht der Berg. In der 14. Seillänge von insgesamt 16, einen Katzensprung vor dem rettenden Grat, ist jede Chance, der 6. Jänner und die Temperatur am Ende.

Vielleicht hätte ich doch unten bleiben sollen, bei den Mädchen im Tal.

In der Ferne gehen einzelne Lichter an, es müssen die obersten Höfe im Villnößtal sein. Der Nebel hat sich etwas gelichtet, die

Monolith über grünen Almen:
der Peitlerkofel (vorige Doppelseite)

Aufstieg: Die lotrechten Wände wurden
immer mehr zum Lebensziel.

Zweisamkeit: Auch mit meiner Frau Brigitte war ich einige Male in der Nordwand des Peitlerkofel.

Kälte beißt zu. In knarrenden Hosen schlottern wir um die Wette, etwas Trockenes haben wir nicht dabei. An den beiden 40-Meter-Seilen, inzwischen griffig und geschmeidig wie Kühlrohre, hanteln wir uns zwei Längen hinunter in die Dämmerung. Dann sind die Felshaken alle, oder besser gesagt, wir finden für die letzten verbogenen Stifte keine passenden Risse mehr. Auf einer kleinen Leiste stehend, suche ich im letzten Licht nach einer Standplatzmöglichkeit. Es gibt nichts. Von den alten Haken in der Wand ist unter dem Eis nichts mehr zu sehen. Im verzweifelten Wühlen stößt Erich – ohne davon zu wissen – in einer Rucksackfalte auf einen Cassin-Bohrmeißel und einen entsprechenden Haken, übriggeblieben wohl von einem Einsatz im Klettergarten. Wie verrückt beginne ich zu arbeiten, während er die Seile einholt. Einmal Abseilen noch, dann müßten wir das Band in der Wandmitte erreichen, dort könnte man wenigstens stehen, kauern, zittern.

Nach 20 Minuten ist das Loch fertig. Ich stecke den Bohrhaken hinein. Im Dunkel der einfallenden Nacht ertaste ich mit Entsetzen, daß der Haken nicht paßt. Anderes Fabrikat, anderer Konus, der Stift ist viel zu dünn. Ich bin verzweifelt, das Doppelseil ist abgezogen, rundum vereistes, überhängendes Gelände, vor mir ein perfides Loch!

Die Augen von Christine ...

In Trance stecke ich den bleistiftdicken Meißel in die Bohrlücke zurück, wo er wie ein unpassender Haustorschlüssel leiert. Dann lege ich eine feine, weiche Perlonschlinge um das Werkzeug, das nur wenige Zentimeter im Loch liegt. Mit der Entscheidungsfreiheit eines angeschossenen Tieres hänge ich die Seile ein, höre auf zu atmen und gleite hinab in die windgepeitschte Finsternis.

Am Abend des nächsten Tages hat uns niemand gesehen, als wir vorbeischlichen bei Untermoi, hinaus durch das Gadertal in einem alten 600er. Dazwischen lag eine grausliche Nacht mit Schneesturm und zerrissenem Biwaksack, ein weiterer Tag Abseilen durch die Schneehölle. Am Wandfuß hat mich eine Lawine mitgerissen, bis das Seil sich spannte, das Erich oben auf dem letzten Felsblock um den Unterarm geschlagen hielt. Jetzt, lange Zeit später, im nachhinein, kann ich diese Geschichte erzählen, wie sie sich zugetragen hat. Damals konnte ich das nicht, so gern ich es wollte, wenigstens nicht den meisten Leuten. Zu viele Fehler und Dummheiten waren passiert im Erheischen von etwas Aufmerksamkeit.

Diese ist mir dann später zugefallen, auch in reichlichem Maß. Einzelne Gesichter, die Bewunderung erkennen lassen, muß ich nicht mehr herausklauben aus einer Runde von Leuten, sei es auf irgendeinem Gipfel oder in der Kneipe. Ganze Säle voller Zuschauer klatschen Applaus, wenn ich auf meinen Vortragsreisen durch mehrere Länder Europas komme. Und die Mädchen, die mich in der Wiese haben wollten, habe ich aufgegeben für die eine, die mit mir ins Basislager steigt.

Aber ich konnte nicht ahnen, daß dieser verdammte und geliebte Berg noch eine Prüfung für mich bereithielt, und vielleicht nicht die letzte.

Es war im Sommer 1983, kurz nach der Expedition zum Cho Oyu, meinem ersten Achttausender. Ich hatte den ganzen Tag als Bergführer im Villnöß gearbeitet und wollte mich noch ein wenig beim freien Klettern entspannen. Also fuhr ich am späten Nachmittag hinauf zu den Kompatschwiesen unterm Peitler, ging hinüber zur Nordwand. Gegen fünf Uhr stieg ich ein, wiederum in die Messner-Route, allein diesmal. Es war ein wunderschöner Tag, die Sonne strahlte noch mit aller Kraft vom Eisacktal herüber und tauchte die ganze Wand in ein warmes, feuriges Licht. Kein Wanderer war mehr unterwegs, auch am Würzjoch hatte sich die obligate Ausflugsmeute verzogen.

Auf halber Höhe der Route, nach der großen Verschneidung, die mir noch von unserem Winterversuch gut in Erinnerung war, zeigte sich der mächtige, ewige Koloß merkwürdig verwandelt. Ein frischer Wandausbruch hatte das Gelände neu gezeichnet, die bekannte Fassade war gelöscht. Tiefere, frischgelbe Schichten der Wand boten ein fremdes Antlitz, und überall lag feiner Steinstaub. Kein Zweifel, auch Er war nicht mehr der gleiche, wir hatten uns beide verändert. Die Stelle durch den Felsausbruch war schwieriger geworden als früher, ich mußte eine neue Lösung finden.

Zuerst versuchte ich es rechts, dann gerade hinauf, und schließlich entschloß ich mich zu einem luftigen Quergang nach links hinaus. Die meisten Tritte waren pulvrig und mußten erst geputzt werden, die Kletterei äußerst heikel. In einer dynamischen Bewegungskombination, die keine Rückzugsmöglichkeit offen ließ, wagte ich mich vom letzten guten Griff weg, um eine graue Leiste zu erreichen. Ich kam bis zu einer winzigen, wackeligen Schuppe. Dort hing ich. Vor, zurück, vor, zurück, dann Handwechseln, die Minuten vergingen, kein Vor mehr, kein Zurück, nur noch Handwechseln. Links – rechts –

links … zwei Finger – drei Finger. Hinter den Fingernägeln plötzlich Blut, die Wechsel immer schneller …

Würde ich jetzt, lieber Leser, diese Kameraeinstellung weiterschreiben wie alle Abenteuer bisher, die Erzählung gäbe als Ganzes keinen Sinn mehr. Es geht mir hier nicht um die Lösung, den Ausweg, die Pointe. Diese wohl gefährlichsten Augenblicke meines Lebens sollten einmal die spannendsten Szenen dieses Buches sein. Ich aber möchte daraus keine Story machen. Vieles hat ein neues Gesicht bekommen, seit ich die ersten Gehversuche am Peitlerkofel gemacht habe. Bei unseren Unternehmungen sind wir Bergsteiger oft Tage und Wochen in großer Abgeschiedenheit und Ruhe unterwegs. Selbst gewollt und gesucht, wie wir immer wieder beteuern. Warum also nach der Rückkehr die präzise Sektion jeder intimen Sekunde, die Offenbarung jeden Schrittes bis zum öffentlichen Akt? Ist es wirklich nur die Freude an der Natur, an Bewegung und Leistung? Oder ist die große Freiheit, Einsamkeit, in die wir hinausziehen, ein mühseliges Vehikel für ein bißchen Kommunikation, ein Schlüssel, um nach der Wand ins kleine Zwiegespräch oder große Gerede zu kommen, je nachdem?

Ich kam gegen Abend noch auf den Gipfel. Diesmal war er leer. Nur einige bettelnde Dohlen umkreisten mich. Die Sonne wuchs zum roten Riesen, die Schatten wurden länger. Ich sah den Vögeln nach, das Gipfelbuch blieb zu.

Ich war an diesem Tag einzig und allein für mich eingestiegen, nicht für ein Lächeln, nicht für eine Zeitung oder das Fernsehen. Wenn manche behaupten, sie gehen nur für sich allein, dann ist das meistens nicht wahr, diese Touren sind selten. Es gibt ja so wenig, was man für sich selbst tut und nicht für Geld oder ein Schulterklopfen. Es ist schwer und ein langer Weg, zu sich zu finden an allen Klippen der Eitelkeit und des Erfolges vorbei. Und er dauert wohl ein ganzes Leben. Dadurch, daß ich dieses letzte Erlebnis in der Peitlerwänden dort oben zurücklasse, möchte ich den ersten Schritt dieses Weges versuchen.

Frühling am Piz Ciavazes

Von Hanspeter Eisendle

1982

Jeden Frühling dasselbe. Parkplatz am Piz Ciavazes. Verrostete VWs, blitzblank polierte BMWs, Karabinergeklimper, Fachsimpeln. Verwundertes Schauen der anderen. Bodybuilding der Meister, rituelle Lässigkeit. Benzingestank. Zwischendurch eine Prise Waldluft. Aufbruchstimmung. Weiter oben die Plattenwand. Micheluzzi, Schubert, Via Irma & Co. »Da hängen die Seile wie Spaghetti herunter!« Entsetzen und Bewunderung, Sonnencreme und Coca-Cola.

Hans und ich sind gekommen, um auszubrechen aus diesem Kreis der obligaten Pflichtübungen am Ciavazes. Vor ein paar Tagen haben wir ganz zufällig einen Riß entdeckt, geradlinig, steil und logisch. Weiter oben ein Dach, warum nicht? Dann herrlich graue Platten. Eine Erstbegehung am Ciavazes? Wir blödeln über unser Vorhaben, und doch sind wir beide begeistert darüber.

Die ersten Seillängen liegen bald hinter uns. Stand unterm Dach. Weit ausladend drückt es auf meine Moral. Gespannt geht Hans an die Lösung seiner überhängenden Aufgabe. Wie eine sich selbst bewegende Marionette zieht er sich an verschiedenen Fäden bis zum Dachrand. Im Gegenlicht erinnert er an eine Fledermaus. Hoffentlich ist oben ein guter Stand. Jetzt liegt's noch an mir. Ich baumle von Haken zu Haken und

Bergsüchtig: Die Routen mußten immer verwegener werden.

komme mir unmöglich vor, so fehl am Platz wie eine Kuh im Kino. Eine Dohle wehrt sich mit wilden Sturzflügen und schrillen Pfiffen gegen unser Eindringen. Sie hat kein Verständnis für das unnütze Suchen der Menschen.

Irgendwann stehe ich dann doch neben ihm, ausgepumpt und um fünf Zentimeter gewachsen. Er grinst, als hätten wir gerade eine Lausbüberei hinter uns gebracht. Nach dieser Hakenrauferei kostet es Überwindung, wieder in die Ungewißheit zu steigen. Steile Platten und ein paar Haken noch. Sie müssen reichen bis zum Gamsband. Zwanzig, dreißig Meter überm Stand gibt es nur noch Konzentration und das Vertrauen zueinander. Ein Gefühl von Sicherheit stellt sich ein, das von ganz innen kommt, das nichts zu tun hat mit Vernunft, mit Haken und

Spiel mit dem Licht:
Am Ciavazes scheint immer die Sonne, auch im großen Überhang der »Shit Hubert«.

Seil. Zwischen Stand und Stand spüre ich Kraft, die Freude, die sich in der Bewegung äußert. Ich entwachse den Ängsten und Zweifeln des Alltags. Und später, am Gamsband – die Ausgelassenheit. Vielleicht das Glück.

Die Abendsonne macht ihre Liebeserklärung an die schwarzen Platten über uns, verleiht ihnen Plastizität. Wir entdecken eine mögliche Fortsetzung unserer Route. Tage später zaubern wir in diesen Platten herum. Zwei Schrittchen nach rechts, ein Loch, eine Schuppe, sonst glatt – eine schnelle Bewegung, ausbalancieren, ganz ruhig, unheimlich, spannend, dann wieder ein Riß, ein Klemmkeil, ein Haken, atmen. Stunden vergehen. Weiter oben die Schlüsselstelle. Schmelzwasser tröpfelt vom Gipfelplateau auf meine Schulter, Wind kommt auf, mich schüttelt's. Hans steht zehn Meter links oberhalb des Standes in einer verrückten Stellung. Wahrscheinlich hält er sich wieder einmal an Phantasiegriffen. Schräg mustere ich meinen Standplatz. Er überlegt eine ganze Weile, probiert, dann steigt er weiter, sauber und sicher. Sauschwer muß das sein! Wie ein verhinderter Akrobat bemühe ich mich dann über diese Schlüsselseillänge. Linker Fuß zum rechten Nasenflügel und so. All die vielen Kletterstunden meines Lebens stecken in den Bewegungen dieser Augenblicke. Ein berauschendes Gefühl macht sich breit und begleitet mich bis in den schrägen Rißkamin der Schubert-Route. Wir haben es geschafft, das Spiel ist gewonnen. Abseilen! Hinunter aufs Gamsband. Leere Zufriedenheit, sitzen und schauen. Die Abendsonne färbt das gelbgraue Gras des Vorjahres. Ich liebe diesen Abend. Er spielt meine Lieder, er glaubt an den vergangenen Tag.

1987

Fünf Jahre danach sitze ich im Flughafen von San Francisco und warte auf meinen Heimflug. Ein kurzes, aber intensives Yosemite-Abenteuer liegt hinter mir. Mit meinem Freund Manolo, »il mago«, der Zauberer, wie ihn alle nennen, die ihn einmal klettern sahen, ist mir unter anderem die »Nose« am El Capitan in knappen zwölf Stunden gelungen – ohne Biwakausrüstung, ohne Wasserbehälter, mit nur einem speziellen Neun-Millimeter-Seil, mit dem alle Zweifel überstimmenden Gefühl, abends am Gipfel zu sein. In freier Kletterei bis zum oberen VIII. Grad, aber auch künstlich an winzigen Keilen, an wackeligen, angerosteten Bohrhaken ziehend, waren wir gipfelwärts geeilt – 1000 Meter.

Traumgranit: Hanspeter Eisendle, jahrelang einer der besten Sportkletterer, im Yosemite Valley

Die große Spannung wich allmählich dem Rausch des Unterwegsseins. Ein sich plötzlich lösender Granitblock kratzte für Augenblicke an meinem Sicherheitsgefühl, das mich so weit in diese Wand hinaufgetragen hatte und mich weiter unaufhaltsam bis ans Ende dieser scheinbar haltlosen Senkrechten trug. Auch im »Astro-Men« am Washington Column, als ich in einer 45-Meter-Seillänge des VIII. Grades nur zwei passende »Friends« unterbringen konnte, stellte sich wieder dieses »Du-schaffst-das-schon-Gefühl« ein, dem ich so oft abgeschworen hatte, schon damals ...

Damals hatten wir im Frühling immer viel Zeit. Hans mottete kurz nach Ostern seinen Skilehreranzug ein, und ich entschloß mich gegen mein angenehmes Lehrerdasein, für den Bergführerberuf. Wir suchten die Wände nach kletterbaren Linien ab, kletterten einige davon oder waren in den Routen der kühnsten unserer Vorgänger unterwegs. In den Dolomiten waren wir das, was man mit dem alle Wertungen beinhaltenden Begriff »wilde Hunde« umschreibt. In schnellen Zeiten, mit wenigen Sicherungen und mit der dazugehörigen »Schneid«, Wände zu durchsteigen, sahen wir unsere Aufgabe. Zu stürzen oder einen Sturz zu riskieren war ein Verbot unseres Stolzes und hätte vor allem meist fatale Konsequenzen gehabt. Der Einsatz war hoch, das Spiel spannend.

Damals las man in Alpinzeitschriften häufig von den Erfolgen der Sportkletterer an den kleinen Wänden und Felsblökken. Vom VIII. Grad war die Rede, und von mehr. »Die fliegen ja mehr, als daß sie klettern«, war unser hochnäsiger Kommentar. Trotzdem trieb uns die Neugier ins südfranzösische Verdon. Die hübschen Mädchen und die braungebrannten »Beachboys«, die sich in die Schlucht hinunterseilten, ermutigten uns zu ersten Versuchen an diesen anfangs furchterregend glatten Wänden. Wir balancierten in kühnen Bewegungen über wasserzerfressenes Grau. Die Stunden verflogen wie zu Hause in den Dolomiten. Was uns störte, waren die vielen Sicherungen, die Null-Lösung in puncto Risiko – oder störte uns das gar nicht? Jedenfalls weckte die Beobachtung der besten dieser Felsakrobaten eine Ahnung in mir, die richtungweisend für meine nächste Zukunft werden sollte. Daß Mut allein nicht reichte – und sei dieser noch so überheblich –, um zukünftige Schwierigkeitsgrade zu beherrschen, wurde hier eindrucksvoll demonstriert. Sie vermochten sich an Einfingerlöchern zu halten, und im Spagat stehend suchten sie die Wand nach Griffen ab. Auch das Vertrauen dieser »Spezialisten« zu Seil und Sicherungskette, ihr »Mut«, einfach abzuspringen, wenn's nicht mehr weiterging, hatte mehr mit Erfahrung als mit Dummheit zu tun.

Getragen von dieser Begeisterung für diese neue Art des Kletterns, folgten die Jahre des Lernens, die vielen Stunden des Trainings, der Rausch der persönlichen Leistungssteigerung bis zum X. Grad. Einige Reisen in ferne, wilde Landschaften dieser Erde – intensive Abschnitte meines Lebens – konnten nichts ändern an der mir innewohnenden Lust zu klettern, immer wieder zu klettern. Hier an den Granitriesen des Yosemite erlebte ich ein faszinierendes Zusammenspiel zweier Lebensgefühle: die mir aus den »Dolomitenjahren« vertraute Spannung und Ungewißheit einer großen Felswand, gepaart mit der Freude, Seillänge um Seillänge hinaufzuturnen, fast wie im Klettergarten an der Sturzgrenze spielend. Genau in dieser Kombination von Abenteuer und persönlicher sportlicher Höchstleistung sehe ich einen großen Spielraum für meine nächste Zeit als Kletterer. Meiner Meinung nach liegt darin auch die große Chance für die Zukunft des Spitzenalpinismus. Wenn die einen mit ihrem Können aus den Klettergärten in abenteuerliche Wände steigen und die anderen sich von der Hetze über klassische Alpinrouten und von »Fixseil-Achttausendern« auf sportlichere Werte besinnen, dann wird es unterm Zeltdach des Alpinzirkus noch ein paar interessante Vorstellungen geben.

Annapurna-Nordwestwand
Ein Hörspiel

Die Darstellung des Alpinismus und die diesbezügliche Literatur ist, mehr als die Aufarbeitung anderer sportlicher Hochleistungen, in großem Maße durch subjektive Standpunkte geprägt. Die Gründe dafür, Einsamkeit, Gefahr, die Abwesenheit der meisten anerkannten Maß- und Analysensysteme, sind bekannt und haben dem Bergsteigen nicht immer nur genützt.

Aus diesem Grund, und weil mir die Gegebenheiten bei unserer Expedition eine besondere Chance in die Hände gespielt haben, möchte ich versuchen, bei meiner Schilderung die eigene Sicht der Dinge so weit wie möglich in den Hintergrund treten zu lassen, um die größtmögliche Objektivität zu erreichen.

Den Schlüssel bietet mir eine Bandaufnahme, die der deutsche Journalist Thomas Hegemann anläßlich der Expedition angefertigt hat und die im Herbst 1985 im Südfunk Stuttgart gesendet wurde. Hegemann begleitete unsere Gruppe bis ins Basislager, gehörte bald zum intimen Kreis der Expedition und machte sich auch nützlich, indem er die Funkstation im Basislager betreute.

Bei dieser Gelegenheit entstanden die Bandaufzeichnungen der Funksprüche, verschiedene Interviews (die als »Kommentare« in der folgenden Geschichte Verwendung finden) und auch einige Liveaufnahmen (mit Diktiergerät) aus höheren Lagern, also direkt am Berg. Ich erhoffe mir von dieser Darstellung eine neue Art Einblick für den Leser in den Ablauf eines solchen Unternehmens und werde meine eigenen Erläuterungen, als Zwischenblöcke eingeschoben, auf das für das Verständnis Notwendige beschränken.

Der Text ist vom Band übernommener Originalton, ohne die Änderung auch nur eines Wortes; weggelassen wurden nur einige unwesentliche Passagen des Bandes, die sich auf Randereignisse der Expedition beziehen.

Die Annapurna im Nepal-Himalaya ist der erste Achttausender, der nachweislich von Menschen erstiegen worden ist. Der erfolgreichste Gipfelgang auf den zehnthöchsten der 14 Eisriesen fällt in das Jahr 1950 durch die Franzosen Maurice Herzog und Louis Lachenal. Ebenfalls an der Annapurna gelang es das erste Mal, eine der schwierigen Achttausenderwände zu durchsteigen. 1970 fiel die äußerst schwierige Südwand durch eine britische Expedition.

Im Jahre 1985 war ich dabei, als eine gemischte Nord-/Südtiroler Expedition versuchte, eine Route durch die schwierige und vor allem gefährliche Nordwestwand der Annapurna zu finden. Die Klettergruppe bestand weiters aus Reinhold Messner (Expeditionsleiter), Reinhard Schiestl, Reinhard Patscheider und Swami Prem Darshano (bürgerlicher Name Luggi Rieser).

Die Wand war bis dahin schon viermal versucht worden, immer erfolglos. Die höchste erreichte Höhe war 6500 Meter, und keine der Gruppen vor uns war ohne körperliche Schäden oder Verluste an Menschenleben davongekommen. Die Durchsteigung der Annapurna-Nordwestwand war eine der letzten großen Ideen im Himalaya-Bergsteigen. Für mich war diese Expedition die vierte zu einem Achttausender, drei Gipfel waren mir bis dahin bereits gelungen.

Die Durchsteigung der Wand – soviel kann ich vorwegnehmen – ist für mich und meinen Kletterpartner Reinhold Messner gutgegangen. Weil mir nun gerade dieses Abenteuer mit all seinen Schwierigkeiten sehr viel bedeutet, möchte ich es mit allen wesentlichen Einzelheiten hier erzählen.

Report Hegemann: 50 mürrische Träger wollen nicht mehr weiter, ein wilder Schneesturm und der steile Aufstieg machen ihnen angst. Noch zwei Tagesmärsche vom Basislager ent-

fernt, droht die Messner-Annapurna-Expedition schon zu scheitern.

Kommentar Messner: Ja, das wäre in diesem Fall ein Betrug von den Trägern an uns, wenn sie jetzt, wo die Etappen schwieriger werden, einfach aufgeben, und ich habe vor 50 Trägern auch allein keine Angst, überhaupt keine. Die schreie ich so an, daß die alle in alle Winde versprühen!

Report Hegemann: Ist dir das schon mal passiert?

Kommentar Messner: Ich habe mich mit 400 Trägern ganz alleine durchgeschlagen und habe die hingekriegt und bringe auch die 50 hin. Außer sie gehen. Wenn sie gehen, gehen sie, aber da nimmt keiner den Container mit, da können sie sicher sein, weil die haben gestern gedroht, sie würden – wenn sie nicht bezahlt würden – die Container mitnehmen und wieder abwärts gehen. Da sage ich: der erste, der erste, der den Container nimmt, dem nehme ich den Container ab und werfe ihn den Wald hinunter!

Was hier, erst am Anfang des ganzen Unternehmens, wie ein Machtkampf zwischen unserer europäischen Besteigergruppe und der einheimischen Trägerkolonne aussieht, ist auch ein leidiges, immer wieder auftretendes Problem bei vielen Expeditionen: die Träger, also die für den Materialtransport angeheuerten nepalesischen Bergbauern, erklären sich mit einem bestimmten, vorher ausgehandelten Lohn einverstanden, um aber einige Tage später, wenn die ganze Truppe schon weit in das unwirtliche Gelände vorgedrungen ist, plötzlich alles hinzuschmeißen. Mit dieser Aktion wollen sie einen neuen, bedeutend höheren Tageslohn erzwingen, eine Erpressung, die in manchen Gegenden des Himalaya durchaus schon zur Routine geworden ist. In unserem Fall drohten die Träger damit, mit dem in Containern verstauten Material umzudrehen und wieder abzusteigen.

Eine der größten Wände der Welt: Annapurna-Nordwestwand (vorige Doppelseite)

Report Hegemann: Die sollen sich jetzt innerhalb von fünf Minuten gefälligst entscheiden, sagt Reinhold, er sagt es dem Sirdar, dem Chefsherpa, der wird es ihnen übersetzen.

Es folgt nun ein riesiger Krawall, wie in einem orientalischen Bazar wird gefeilscht und gestritten, stundenlang.

Report Hegemann: 20 Träger sind schließlich bereit, mit uns weiterzuklettern. Im Pendeldienst tragen sie die 50 Plastikcontainer mit Ausrüstung und Nahrung für die nächsten Wochen ins Basislager. Es liegt fast 4500 Meter hoch, elf Tagesmärsche weit weg von der letzten Straße, das letzte Dorf haben wir vor vier Tagen verlassen. In dieser Bergwildnis bauen wir unsere Zelte am Fuße der Annapurna auf, 8091 Meter hoch ragt sie in den Himmel. Vom Gipfel kann man im Süden Indien, im Norden Tibet sehen. Einer von vier Bergsteigern, die Reinhold Messner begleiten, ist Hans Kammerlander. Wie groß schätzt er die Chancen ein, den Gipfel zu erreichen?

Kommentar Kammerlander: Daß wir über diese geplante Route oder durch diese Nordwestwand hochkommen, ist – meiner Meinung nach – 70 Prozent Scheitern und 30 Prozent Erfolg.

Report Hegemann: Was ist denn schwieriger, wenn man's vergleichen kann überhaupt: ohne Sauerstoff auf den Mount Everest oder diese Wand?

Kommentar Kammerlander: Als erster Mensch ohne Sauerstoff auf den Everest zu gehen ist schwerer, war schwerer, weil die Ärzte haben gesagt, es geht nicht, er kommt total vertrottelt zurück (*gemeint ist Messner*), weil .... der Sauerstoff ist einfach zu wenig für das Gehirn, und er hat es trotzdem gemacht. Für den zweiten ist es sicher leichter, wie die Zeit jetzt ist ... ist es sicher leichter, auf den Everest zu gehen, als hier durch diese Wand zu steigen ... meiner Meinung nach.

Unser Basislager steht nun endlich, auf einer grünen Wiese am Ende des Gletschers haben wir ein feines Plätzchen gefunden (4100 m). Direkt gegenüber die Annapurna-Nordwestwand. Ein Mikrokosmos für sich aus Stein, Eis und Lawinen. Dessen unte-

Zeltleben: Das Basislager am Fuß der Wand liegt auf 4500 Meter und damit vergleichsweise tief.

rer Teil ein steiler, von einzelnen Felsplatten durchsetzter Eisschild, vergleichbar etwa mit der Les-Droites-Nordwand in der Montblancgruppe. Darüber, das mittlere Drittel der Wand ausmachend, eine muschelförmige, konkave Flanke, durch die ständig Schneerutsche und Steinschlag donnern. Eben diese Zone würde bei längerem Schlechtwetter zweifellos zur Lawinenfalle werden. Darüber schließlich die felsige Gipfelwand, durchsetzt von Plattenbändern und Eisbalkonen, mit Kletterstellen bis zum V. Schwierigkeitsgrad.

Der erste Eindruck auf mich ist zermürbend. Auch Reinhold plagen ernste Zweifel, ob diese Wand, die wir bisher nur von Fotos kannten, überhaupt möglich sein würde. Anders dagegen unsere Kollegen Reinhard Schiestl, Reinhard Patscheider und Swami Prem Darshano. Jeder von ihnen ist ein ausgezeichneter Kletterer, doch war noch keiner im Himalaya oder auf wirklich hohen Bergen. Ihre Unbekümmertheit, mit der sie verschiedene Routenvorschläge in unsere Wandskizze zeichnen, erinnert mich an meine Lehrjahre des Höhenbergsteigens, wirkt aber auch befreiend und läßt uns wenigstens an einen Versuch denken.

Report Hegemann: Die äußeren Bedingungen könnten nicht besser sein – tagelang Sonnenschein. Das Thermometer klettert von 10 Grad minus in der Nacht auf über 20 Grad plus tagsüber. Frage an Reinhold Messner, warum geht ihr denn jetzt nicht los, Richtung Gipfel?

Kommentar Messner: Na, das wäre unverantwortlich, also da würde ich die Mannschaft gar nicht lassen.

Report Hegemann: Was würde denn passieren?

Kommentar Messner: Wir würden mit Sicherheit nicht hochkommen, und wenn wir in die Wandmitte oder höher kämen, dann hätten wir sicherlich Erfrierungen, oder es wären einige von uns so höhenkrank, daß sie nicht mehr herunterkämen. Wir sind noch nicht genügend akklimatisiert. Drei Wochen, also von 3000 Meter aufwärts gerechnet, ist das Allerallerminimum, das es braucht.

In der Tat. Das Problem der Akklimatisation, also der Anpassung an die ungewohnte Höhe, gehört zur gewissenhaften Vorbereitung genauso wie die Zusammenstellung der Ausrüstung. Diese Akklimatisation hat nun nichts mit Konditionstraining zu tun, welches schon vor dem Anmarsch abgeschlossen sein muß, sondern besteht darin, dem Körper genügend Zeit zu lassen, durch die Vermehrung der roten Blutkörperchen (Erythrozyten) ein größeres Sauerstoffaufnahme- und Transportvermögen zu erlangen. Auch das Kapillarwachstum, das heißt die Neubildung von feinsten Blutgefäßen zur besseren Versorgung aller Organe, wird mit zunehmender Höhe gefördert. Und das braucht einige Wochen.

In dieser Phase ist es meines Erachtens sogar besser, gemütlich im Zelt herumzuliegen, als durch allerlei Exkursionen und Zwischensprints auf die umliegenden Berge den Organismus zusätzlich zu belasten.

Bei Vermehrung der Blutzellen aber wird das Blut immer dikker und zähflüssiger, was durch viel Trinken ausgeglichen werden muß. Die Flüssigkeitsbilanz ist nämlich ein zusätzliches Problem, und zwar verliert man Flüssigkeit nicht allein durch

Je länger wir die Wand beobachteten, um so höher wurde sie.

das Schwitzen bei körperlicher Anstrengung, sondern hauptsächlich durch die Atmung in der extrem trockenen Höhenluft.

Nach einer ersten Zeit der Anpassung beginnen wir endlich, uns direkt am Berg umzusehen. Alle zusammen gehen wir über einen zerklüfteten Gletscher taleinwärts zum Fuß der Wand. Dort finden wir auf etwa 4900 Meter einen geeigneten Platz für ein erstes Hochlager (Lager I) und hacken mit den Pickeln einen ebenen Platz für die Zelte frei. Danach steigen wir wieder ab.

Einige Tage Schlechtwetter folgen. Am 15. April können wir wieder weitermachen. An diesem Morgen steigt meine Freundin und spätere Frau Brigitte, die mich bis hierher begleitet hatte, ins Tal ab, um nach Europa zu fliegen, ihr Urlaub ist leider um.

Reinhold und ich brechen auf, und zwar in Richtung Normalweg der Annapurna, um diesen zu erkunden. Es ist uns wichtig, auch diese Route zu kennen, weil noch nicht feststeht, auf welchem Wege wir nach der Wanddurchsteigung den Abstieg bewältigen wollen. Die beiden Reinhards und Darshano indessen ge-

hen erneut hinauf zum Lager I, um dieses mit Material auszurüsten.

Report Hegemann: Zwei Sturmzelte bauen die drei dort oben auf, bleiben dann auch einige Tage in der Höhe, um sich zu akklimatisieren. Reinhard Patscheider schreibt am nächsten Morgen in sein Tagebuch: »Aufgestanden bin ich, weil mir kalt war und der Boden zu uneben ist, daß mir vom Liegen alles weh tat. Mittlerweile sitze ich auf meinem Rucksack, und die Sonne rückt langsam an uns heran. Tausend Gedanken im Kopf. Ich sehe die Annapurna steil über mir, welche Dimensionen! Ob wir den Gipfel erreichen werden? Er ist höher als die Wolken. Man verliert das Gefühl von Größenordnungen in dieser imposanten Bergwelt von Sieben- und Achttausendern. Tief unter mir liegen die kleinen Punkte der Basislagerzelte. Jetzt geht es mir prächtig, auch wenn ich mich seit drei Tagen nicht waschen konnte. Ich werde erst einmal kochen; um das Wasser für unseren Tee und etwas Suppe zu bekommen, muß ich vielleicht eine Stunde Eis schmelzen.«

Report Hegemann: Den Kontakt zwischen Hochlager und Basislager halten wir per Funksprechgerät.

Funkgeräte sind immer dann von großem Nutzen, wenn mehrere Gruppen stafettenweise an einem Berg operieren. Es kann damit der Wechsel der einzelnen Mannschaften sowie der Nachschub gezielten Materials gut organisiert werden. Wir verwendeten japanische Sony-Geräte, die sehr robust und kaum größer als eine Zigarettenschachtel waren. Auch außerhalb der normalen Arbeitsgespräche ist es immer angenehm, in der Einsamkeit der Lager eine menschliche Stimme zu hören.

Funk Darshano: Wir sind nach dem Gletscher stehengeblieben und haben das Zelt aufgebaut – kommen.

Funk Hegemann: Basislager an Lager I, an die Österreicher noch eine Mitteilung: die österreichische Nationalmannschaft hat – wenn ich das richtig verstanden habe auf der Deutschen Welle – drei zu null gegen Ungarn verloren, tut mir leid für euch, trotzdem schönen Tag, tschüs und Ende!

Funk Schiestl: Gute Nacht, ciao, Thomas, Ende.

Report Hegemann: Die Informationen habe ich aus einem kleinen Transistorradio, unsere einzige Verbindung zu restlichen Welt.

Wieder vergehen einige Tage. Reinhold und ich sind von unserer Erkundung des Normalweges zurückgekommen, und auch die anderen drei aus Lager I sind wieder unten auf der Wiese eingetroffen. Es gibt viel zu erzählen. Wir berichten von einem toten Franzosen, den wir auf dem Normalweg gefunden haben. Zum Teil skelettiert, liegt er dort oben schon seit Jahren.

Die anderen bestätigen ihrerseits, daß im unteren Teil der Wand, wie bereits vermutet, viel Steinschlag herrscht und einige Stellen mit Seilen abgesichert werden müssen, um bei Bedarf einen schnellen Rückzug zu ermöglichen.

Zu diesem Zweck brechen unsere drei Kameraden am 17. April erneut auf, es ist für sie nun schon das dritte Mal, daß sie ins Lager I gehen. Sie wollen diesmal von diesem Stützpunkt aus den Vorstoß durch die erste Eisflanke der Wand versuchen, um darüber, auf einem Séracgürtel, das zweite Hochlager zu errichten.

Report Hegemann: Morgens sitzen wir vor dem Zelteingang beim Frühstück und beobachten mit dem Fernglas, wie die drei vom Hochlager I aus weiter aufsteigen.

Kommentar Messner: Also erstens ist es bei denen dort oben nicht so gemütlich wie bei uns; oben sind sie noch im Schatten, und vor allem: oben wehen ziemlich große Schneewehen über sie hinweg. Sie haben es nicht leicht, es ist vielleicht das schwierigste Stück, das sie heute klettern müssen. Sie sind jetzt auf 5700 bis 5800 Meter Meereshöhe und müßten heute, wenn sie Glück haben und das Wetter hält, hinauskommen auf den ersten Sérac, wo sie dann das zweite Hochlager aufbauen werden, von wo wir dann den Gipfelangriff versuchen werden.

Report Hegemann: Auf fast 6000 Meter kämpfen sich die drei jetzt zentimeterweise voran, die dünne Luft macht ihnen sehr zu schaffen, und immer wieder lösen sich Eis- und Schneebrocken in der Steilwand.

Funk Darshano: Wir befinden uns jetzt kurz unter dem Séracriegel, kurz unter dem Lager II (*gemeint ist natürlich der für Lager II vorgesehene Platz*) auf knapp 6000 Meter und klettern die Eisrinne hinauf, die sehr steil ist und deshalb ziemlich viel Kraft erfordert. Diese steile Eisrinne ist der schwierigste Teil der Wand, und die beiden Reinhards haben diese Passage von Lager I hinauf zu Lager II versichert und mit Fixseilen versehen, so daß wir bei einem eventuellen Rückzug oder auch beim Abstieg dann nach dem Gipfel, wenn wir total ausgelaugt und erschöpft sind, durch diese Eisrinne nicht mehr abklettern müssen, sondern abseilen können.

Report Hegemann: Mitten in diese stundenlange, gleichförmige Anstrengung hinein bricht es dann urplötzlich los: Steinschlag!

Kommentar Patscheider: Links und rechts und über dir sausten die Steine herab, da vergeht's dir!

Kommentar Darshano: Da haben wir in Windeseile versucht abzuseilen, und bei ungefähr der Hälfte der Strecke hat es plötzlich begonnen zu donnern und zu surren, wie es beim Steinschlag so tut, und auf allen Seiten links und rechts von uns hat es eingeschlagen. Der Patscheider Reinhard und ich, wir sind hintereinander beim Abseilen gewesen, der Reinhard wollte sich zuerst hinter einem flachen Felsen schützen, hat aber gesehen, daß es nichts nützt, und hat sich dann kurzerhand entschlossen, noch schnell zu mir unter einen Überhang herüberzuseilen, dabei hat ihn schon ein Stein am Arm ziemlich böse erwischt, ein kopfgroßer Stein, der ihm eine Platzwunde am rechten Arm aufgeschlagen hat, und bevor er mich erreicht hat, ist noch einmal ein kopfgroßer Stein knapp neben ihm eingeschlagen.

Report Hegemann: Im Basislager können sich die drei von ihren Steinschlagstrapazen erst einmal erholen. Reinhold Messner und Hans Kammerlander steigen jetzt auf, sie wollen den Weg weiter vorbereiten und sich auch akklimatisieren. Die beiden Reinhards und Darshano folgen ihnen am nächsten Tag wieder. Ich bleibe mit dem Funkgerät bei den Sherpas im Basislager.

Nun trifft es also uns zwei, die Route in der Wand weiter nach oben zu treiben. Bald haben Reinhold und ich das von unseren Freunden bestens eingerichtete Lager I erreicht. Dort bleiben wir eine Nacht und steigen am nächsten Morgen über die ebenfalls von den Freunden bereits abgesicherte Eisrinne hinauf. Wir erreichen den Umkehrpunkt der Drei knapp unterhalb des ersten Séracgürtels, überklettern auch diesen und errichten darauf Lager II in einer Gletscherspalte.

Wir schreiben nun den 21. April. Ein Drittel der Wand liegt unter uns. Da wir uns gut fühlen und das Wetter zu halten scheint, beschließen wir, auch am nächsten Tag weiter nach oben zu steigen. Mit unseren Partnern ist abgesprochen, daß wir den Vorstoß ebenso lange verfolgen sollten, wie unsere persönliche Ausrüstung dafür reichen würde.

In diesem Sinne ziehen wir in der Früh des 22. April mit Zelt und Schlafsack und allem Drum und Dran los und bewältigen an diesem Tag die lange Firnflanke im konkaven mittleren Drittel der Annapurna-Wand.

An diesem Morgen schicken sich auch Patscheider, Schiestl und Darshano an, das Basislager zu verlassen, um uns zu folgen. Noch vor Mittag erreichen sie Lager I, zu einem Zeitpunkt, als wir noch mit dem oberen Teil der Firnflanke beschäftigt sind.

Da plötzlich schlägt das Wetter um. Donnergrollen aus der Ferne. Es beginnt zu schneien …

Funk Darshano (aus Lager I): Seit zwei Stunden liegen wir jetzt nach dem Aufstieg ins Lager I in unserem Zelt, und ein Sturm hat begonnen zu toben, der das Zelt nur so beutelt. Manchmal läßt er wieder nach, wie jetzt gerade … im Moment … dann wieder heult er voll auf. Während Reinhold und Hans auf 7000 Meter oben verzweifelt versuchen, ein Lager aufzubauen, ist Patscheider Reinhard aus dem Zelt hinausgegangen, um uns draußen ein bißchen vom Schnee freizuschaufeln.

Report Hegemann: In dieser kurzen Zeit, während Patscheider draußen den Schnee wegschaufelt, nimmt der Sturm fast Orkanstärke an. Als Reinhard ins Zelt zurückkriecht, reißt ihm der Sturm immer wieder den Stoff der Eingangstür aus der Hand – sie bekommen das Zelt nicht mehr zu …

Liveaufnahmen auf Tonband:

Patscheider: Hilf mir da! Du mußt mir helfen!

Schiestl: Mach endlich zu, da kommt ja alles herein!

Patscheider: Ja, wenn ich den Scheißfaden nicht erwische! Jetzt habe ich ihn.

Schiestl: Na brutal, so wild … na na, hoffentlich hält das das Zelt aus … na, brutal!

Patscheider: Paß auf, daß meine Suppe nicht umfällt.

Darshano: Der Reinhold auf über 7000 Meter, den reißt's ja weg!

Schiestl: Ja, hoffentlich haben die ein Schneeloch gegraben, weil sonst weiß ich nicht, was los ist …

Report Hegemann: Schlimmer sieht es offensichtlich oben bei Reinhold Messner aus. Wir (*gemeint sind die noch Anwesenden im Basislager*) hatten in den letzten anderthalb Stunden dreimal versucht – jeweils zur vollen halben Stunde –, mit ihm Kontakt zu bekommen, und haben per Sprechfunk nur ganz wenige Fetzen verstehen können. Er klang völlig ausgepumpt. Sie sind oben in einem Schneesturm und haben nur mit Mühe und Not da droben ein ganz kleines Zelt zu zweit aufbauen können, das sie allerdings nicht richtig haben befestigen können, das heißt, sie liegen vermutlich dort oben in diesem Zelt wie in einem Biwaksack, nur halt ein ganz klein bißchen geschützt gegen den vermutlich dreimal so starken Wind und das oben sehr, sehr starke Gewitter. Eine halbe Stunde später, gegen Mittag, fange ich dann doch noch ein Lebenszeichen von Reinhold und Hans auf. Keuchend melden sie sich aus viel-

leicht 7000 Meter Höhe. Obwohl kaum zu verstehen, merkt man, wie fertig sie sind.

Funk Messner: Wir sind im Augenblick in einer ungünstigen Position und wissen noch nicht, was wir machen sollen! Um zwei Uhr neuer Funkkontakt! Ende!

Report Hegemann: Es ist ein endloses Warten, wir wissen ja nicht, ob die beiden dort oben überhaupt noch leben. Dann endlich, am Nachmittag, ist im Funkgerät wieder etwas zu hören. Reinhold meldet sich:

Funk Messner: ... *(unverständlich)* ... bitte kommen!

Funk Hegemann: Hier unten ist alles in Ordnung, das Wetter scheint besser zu werden, es kommen jetzt immer mehr blaue Stellen, das ist vielleicht ein bißchen Trost für euch. Wir haben vorher sehr wenig verstehen können am Anfang, kannst du bitte kurz schildern, was ihr erlebt habt?

Funk Messner: ... *(unverständlich)* ... erleben. Wir sind seit zwei Uhr in einem fürchterlichen Schneesturm und haben mit Mühe noch das Zelt aufbauen können und haben bis jetzt dauernd Angst gehabt, das Zelt fliegt mit uns weg oder es zerreißt.

Im unteren Teil der Annapurnawand: Felsklettern im V. Schwierigkeitsgrad und bis zu 65 Grad im Eis

Aber jetzt wird es besser … Luftdruck … *(unverständlich)* … und wir wissen noch nicht, was wir morgen machen können!

Bei allem Mitgefühl für die Ängste unserer Freunde unten im Basislager muß ich doch feststellen, daß wir an diesem Nachmittag wahrlich alles andere zu tun hatten, als in der Gegend herumzufunken.

Am oberen Ende der Firnwand, die das mittlere Drittel der Wand beherrscht, erwartete uns ein Riegel aus Granitplatten, der die ganze Wand absperrte. Über immer dünner und steiler werdendes Wassereis stiegen wir hinauf in die Platten und überwanden diese etwa 100 Meter hohe Felszone mit heiklen Quergängen und Rißkletterei gerade so wie in einer schwierigen Alpenwand (ungefähr IV. bis V. Schwierigkeitsgrad).

Bei starkem Sturm gelingt es nun, so auf den zweiten Séracriegel der Wand auszusteigen und dort im Reißen der Böen ein improvisiertes Lager III aufzustellen. An Kochen oder Schlafen ist nicht zu denken, wir kauern unter der dünnen Kunststoffhaut unseres Zeltes (die Höhenzelte dieser Bauart bestehen nur aus einer Lage, also ohne Überzelt) und warten den Lauf der Nacht ab.

Gegen drei Uhr früh läßt der Wind etwas nach, doch können wir bis zehn Uhr vormittags wegen des immer noch unwirtlichen Wetters nichts unternehmen. Es ist die Schlüsselsituation des gesamten Unternehmens. Was sollen wir tun? Diskussionen hin und her, über rauf oder runter. Uns ist klar, daß die Gesamtwetterlage unstabil und heikel ist, was aber auch bedeutet, daß mit einem Abstieg die Gipfelchance für diese Saison dahin sein könnte. Die vergangenen Tage brachten jeweils wenigstens bis zum frühen Nachmittag brauchbares Kletterwetter, vielleicht bleibt es so.

Nach langem Überlegen brechen wir aus – nach oben. Es ist der 23. April. Wir kommen langsam voran, das Gelände ist schwierig. Nach 300 Höhenmetern, gegen 14 Uhr, fällt der alltägliche Sturm wieder ein. Früher und heftiger als an anderen Tagen.

Wir befinden uns gerade in einer etwa 50 Grad geneigten, völlig blanken Eisflanke am Fuß der Gipfelwand, und weit und breit ist kein vernünftiger Biwakplatz zu sehen. Lediglich ein Sérac bietet von oben her etwas Schutz gegen Steinschlag und Lawinen.

Wir sind gezwungen, direkt aus dem schwarzen, extrem harten Eis ein Plateau für unser Zelt herauszuhacken. Bei weiterhin zunehmendem Sturm – es ist ähnlich wie am Vortag – hacken und hacken wir wie besessen, eine fürchterliche Schinderei in dieser Höhe und bei diesem Eis.

Um nicht die ganze Grundfläche des Zeltes aus der Eiswand pickeln zu müssen, verwenden wir die größten Eisschollen als Baumaterial und stapeln diese an der vorderen Kante des Plateaus unter den Boden des Zeltes, womit eine kleine Trockenmauer aus Eis als Fundament entsteht. Den Oberbau des Zeltes sichern wir mit Eisschrauben an der Eiswand und kriechen dann in das wohl wackeligste Biwak, das ich je mitgemacht habe. Trotzdem ist unsere Zuversicht ungebrochen.

Funk Messner: Wir sind ungefähr auf siebenfünf, siebenvier bis siebenfünf, unmittelbar unter dem letzten Sérac, und wenn morgen gutes Wetter ist, versuchen wir den Gipfel, immer vorausgesetzt, daß er möglich ist! Wir haben noch nicht alles einsehen können. Bitte kommen!

Funk Hegemann: Ja, eine Frage an euch! Wann geht ihr morgen früh etwa los, wißt ihr das schon? Kommen!

Funk Kammerlander: Ja, das wird ein bißchen vom Wetter abhängen ... *(unverständlich)* ... Wind ... es ist sehr, sehr stürmisch ... momentan ... aber ich glaube, in der Nacht wird sich das schon ein bißchen legen! Kommen!

Funk Hegemann: Gut, das habe ich verstanden!

Funk Kammerlander: Thomas, in Ordnung. Du, wenn nichts Wichtiges ist, dann machen wir Ende, es ist sehr starker Sturm, Ende, gute Nacht!

Report Hegemann: Von wegen gute Nacht. Der Sturm ist so heftig, daß Hans und Reinhold keine Minute zum Schlafen kommen.

Kommentar Messner: Ja, da ist jeder im Zelt drinnen und hält ängstlich die Zeltwände, weil die Zeltwände so flattern, daß es knallt. Mir ist einmal im Leben auf 8000 Meter am Kangchendzönga das Zelt gerissen, und wir sind zum Glück noch hinuntergekommen, und da habe ich das erste Stück, zum Beispiel, mich einfach gegen den Sturm fallen lassen, sonst wäre ich gar nicht runtergekommen; der Sturm war so stark, daß wir nicht mehr gehen konnten normal, sondern wir haben uns wie Vögel im Sturm hineinfallen lassen, und da konnte man so halb kriechend heruntergehen.

Die Nacht in diesem Lager IV wurde schlimm, viel schlimmer als die Sturmnacht zuvor. Für kurze Zeit war es uns noch gelungen, etwas Eis zu schmelzen und Tee zu bereiten, dann aber war der Orkan so angewachsen, daß wir beide nur noch damit beschäftigt waren, von innen her das Zelt zu stützen, damit es nicht samt seinem Inhalt davonflog.

In der Mitte des Plastik-Iglus sitzend, hielten wir mit ausgestreckten Armen die Hände in die Luftlöcher der Seitenwände verkrallt, bis die eisige Nachtkälte sich durch die Daunenhandschuhe fraß und wir von Zeit zu Zeit davon ablassen mußten. Die Breitseiten des Sturmes schlugen mit solcher Gewalt gegen das Zelt, daß es knallte wie Schüsse aus einer Feuerwaffe.

Unter uns indessen riß der Sturm Stück für Stück die Eisschollen aus der stützenden Bodenmauer, bis schließlich der letzte Eisbrocken die Wand hinunterfiel und wir in dem Zelt hingen wie in einer Hängematte, gehalten von zwei Titaneisschrauben.

Gegen Mitternacht verzogen sich Nebel und Wolken, was den Sturm aber nicht hinderte, mit unverminderter Wucht zu wüten. Dieser Umstand erlaubte uns eine erschreckende Feststellung: unser italienisches Spezialzelt, im Windkanal getestet bis zu Windgeschwindigkeiten von 150 Stundenkilometern, zeigte die ersten Risse. Hin und wieder konnten wir durch das Gewebe einzelne Sterne funkeln sehen. Reinhold, mit dem ich nun schon seit Stunden nicht mehr gesprochen hatte, sagte zu mir: »Wenn diese Haut jetzt reißt, sind wir verloren!« Ohne rechte Überlegung, nur noch mechanisch, holte ich mir die Plastikschalen meiner Bergschuhe aus einer Ecke des Zeltes und band sie mit Schnürsenkeln am Schlafsack fest. Wenn das Zelt nun wirklich reißen sollte, dann wollte ich als letzte Hoffnung einen Abstiegsversuch auch bei stockdunkler Nacht wagen.

Das Zelt hielt. Am buchstäblich letzten Faden hängend, schützte es uns bis zum Morgen. Einem Morgen, der in stählerner, eisiger Bläue erwachte und dem Toben für einige Stunden Einhalt gebot. Es mochte nun wohl etwa 40 Grad minus haben.

Report Hegemann: Obwohl beide in dieser Nacht kein Auge zutun, entschließen sie sich, morgens um halb fünf aus dem Schlafsack zu kriechen und loszuklettern, in Richtung Gipfel. Etwa drei Stunden, nachdem Hans und Reinhold sich auf den Weg gen Gipfel gemacht haben, schalte ich wie verabredet das Funkgerät ein: »Basislager an Reinhold und Hans, könnt ihr mich hören?«

Funkgerät: ... *(Rauschen)* ...

Report Hegemann: Also im Moment noch keine Verbindung, vielleicht sind sie grad an einer schwierigen Stelle, wir warten einfach mal ein bißchen ab jetzt ... Ganz langsam kämpfen sich die beiden am Berg voran. Daß wir eine Funkzeit ausgemacht hatten, daran denken sie nicht. Nicht um acht, nicht um neun, nicht um zehn, immer nur weiter.

Kommentar Messner: Die Gedanken sind nicht mehr da ... die Gedanken werden zum Willen ... es ist nur mehr der Wille da, weiterzugehen, das Stück zu machen, weil eben der Gipfel da ist ...

Kommentar Kammerlander: Irgendwie denkt man nicht soviel, man probiert einfach, mit sich selber fertig zu werden, zu kämpfen und Schritt für Schritt weiterzusteigen, fünf, sechs Schritte und weiter. Das Schlimme ist, wenn man merkt, daß langsam die Finger und die Füße gefühllos werden; das war so vielleicht 400 Meter unter dem Gipfel schon, daß wir gemerkt haben, es wird sehr kalt, die Gefahr von Erfrierungen wird jetzt groß. Wir haben dann oben auf dem ersten Vorgipfel, vielleicht so 150 Meter vor dem Gipfel, probiert zu funken; der Reinhold hat das Funkgerät aus der Tasche geholt, ein paar Worte hineingesprochen und dann mit richtig verzerrtem Gesicht ... hat er mir das Funkgerät herübergeschwungen, fast geworfen, sagt: sprich du weiter, er hält's nimmer aus.

Die Nervenanspannung ist enorm. Ausgebrannt wie wir sind, müssen wir sofort nach Verlassen des Zeltes die dahinter aufragende Eiswand angehen, die auf die Lippe des Séracs hinaufführt, unter dem wir unser Lager IV eingerichtet hatten. 70 Meter hoch, im oberen Teil 70 Grad steil und schwarzblaues, glasiges Eis. Ohne Spezialgeräte, mit unseren ganz normalen Expeditionspickeln quälen wir uns die Wand hoch, aus der immer wieder große Schollen unter Pickel- und Steigeisenschlägen wegspringen. Eine Titaneisschraube, die ich nach 20 Metern zum Sichern setzen will, dringt trotz ihres scharfen Vierfachfräskopfes in dem steinharten Eis nur bis zur Hälfte ein, bei weiterem Bemühen hätte ich die Lasche abgedreht. Das Klettern ist überhaupt nur möglich, weil das Eis aufgrund der unwahrscheinlichen Kälte feine Haarrisse zeigt, in sich fast zu zerspringen scheint. In diese Andeutungen von Rissen können wir die Klingen unserer Pickel einschlagen, einmal längs, einmal quer, und uns so hinaufarbeiten, an ein normales Einschlagen der Pickel ist nicht zu denken. Wir vergessen Welt und Zeit. Nur auf wiederholte Aufforderungen aus dem Funkgerät melden wir uns zurück.

Report Hegemann: Wir unten im Basislager können die Stimme, die aus dem kleinen Lautsprecher des Walkie-talkie kommt, kaum verstehen, so sehr peitscht der Wind oben bei Hans auf das kleine Mikrofon. Außerdem kann er bei der Anstrengung fast nur stammeln, es klingt, als würden sie umdrehen wollen. Frage deshalb: Geht ihr noch zum Gipfel?

Funk Kammerlander: ... *(unverständlich)* ... hinaufgehen tun wir ... aber oben nicht mehr funken, es stürmt fürchterlich, kommen!

Funk Hegemann: Ihr werdet euch nicht mehr melden, weil es zu sehr stürmt? Ist das richtig? Bitte kommen!

Funk Kammerlander: ... nicht verstanden ... dich kaum verstehen ... alles klar, Ende!

Report Hegemann: Aber schon kurz darauf, als der Gipfel noch gar nicht erreicht sein kann, quiekt es wieder im Funkgerät. Diesmal ist es Reinhold Messner, mit einer Aussage, die ich von diesem extrem dominanten Menschen nun gar nicht erwartet hätte.

Funk Messner: ... Ich wäre sowieso nicht gegangen, wenn der Hans nicht so gezogen hätte! Der Hans ist in sagenhafter Form, und der Hans ist jetzt etwas voraus ... ich werde auch gleich wieder abschalten ... *(unverständlich)* ... das ist nicht einfaches Gelände, kommen!

Report Hegemann: »Wenn der Hans nicht so super in Form wäre, würde ich nicht zum Gipfel kommen.« So ein Eingeständnis von Reinhold Messner, und er schickt, immer noch kurz unterhalb des Gipfels, gleich noch ein ähnliches hinterher:

Funk Messner: Oben am Gipfel ist vom Süden Schnee und von Norden Wind! Wir haben sicherlich wieder vierzig Grad minus, es ist fürchterlich ... etwas vom Härtesten, was ich je gemacht habe, Ende!

Funk Hegemann: Danke, Ende, viel Glück!

Wir gingen unangeseilt, jeder für sich, wie in dieser Höhe üblich. Daß ich zufällig vorne war und daß ich mich an diesem Tag sehr gut in Form fühlte, ist wahr, sollte aber zu keinen falschen Schlüssen verleiten. Es scheint mir wichtig, an dieser Stelle die große Bedeutung der Tagesverfassung für derartige Belastungen herauszustreichen. Gerade in großer Höhe wechselt die eigene Leistung von einem Tag zum anderen in enormer und nicht zu beeinflussender Weise. Auch von harten und langen Etappenrennen der Radfahrer (Tour de France, Giro und Vuelta) ist dieses Phänomen bekannt, und es lassen sich oft keine vernünftigen Gründe dafür finden. Ich glaube, daß hier für die Medizin und Psychologie noch ein großes Forschungsfeld brachliegt, unabhängig von den Erkenntnissen, die man heute schon über Biorhythmus und andere zyklische Leistungsprofile hat.

Nur einige Wochen später, bei unserer nächsten Expedition am Dhaulagiri, war es dann Reinhold, dem die geistige und teilweise auch körperliche Führungsrolle zukam.

Report Hegemann: Auf der anderen Seite der Annapurna ziehen düster-bedrohliche Wolken auf, drüben schneit es bestimmt schon, und viel Schnee dort oben kann bewirken, daß man nicht mehr herunterkommt. Aber bevor dieser Gedanke sich breitmachen kann, kommen wieder – diesmal noch schwächer – Geräusche aus dem Funkgerät. die beiden melden sich tatsächlich vom Gipfel:

Funk Messner: ... Hallo, wir sind jetzt oben ... von Süden schneit es ... andere Seite ein fürchterlicher Wind ... gekrochen ... wir bleiben nur eine Minute, damit wir noch hinunterkommen ... *(unverständlich)* .... Wind ... 80 bis 100 Stundenkilometer ... *(unverständlich)* ... aufgestiegen ... *(unverständlich)* ... weil es viel zuviel schneit!

Funk Hegemann: Ich habe verstanden, daß ihr jetzt auf dem Gipfel seid, auch daß sehr viel Wind ist, was das Problem ist, habe ich nicht verstanden, bitte wiederholen!

Funk Messner: ... Wind von Nordosten kommt ... und von Süden treibt's Schneetreiben herauf, das vielleicht ... die Spur zuweht und dann ... finden wir nicht mehr hinunter, kommen! ... *(unverständlich)* ... wir können kaum ... denken ... und fotografieren, weil wir keine Handschuhe ausziehen können ... wir haben sicherlich 40 und 50 minus. Kommen!

Funk Hegemann: Ja, ich habe alles verstanden, herzlichen Glückwunsch von allen hier unten!

Funk Messner: Dankeschön, und sag den anderen in Lager II (*gemeint sind Schiestl, Patscheider und Darshano, die in den vergangenen Tagen von Lager I ins Lager II aufgestiegen waren*), auf diesem Weg ... empfehlen wir keinen ... Aufstieg, es ist zu gefährlich und viel zu lang. Wir sind seit fünf Uhr früh unterwegs! Kommen!

Funk Hegemann: Ich habe verstanden, daß dieser Weg für die anderen viel zu lang und vermutlich zu gefährlich ist, bitte kommen!

Funk Messner: Der Weg wäre gut, wenn nicht der Wind ... *(unverständlich)* ... noch ist es zu windig, das heißt zu stürmisch ... wir hatten nachts sicher über 100 Stundenkilometer, und am Gipfelgrat auch soviel, ich hoffe, daß ... *(unverständlich)* ... weniger Wind ist. Ich gebe jetzt hinüber zum Hans, weil ich ... nicht mehr halten kann.

Funk Kammerlander: Ja. Thomas, hörst du mich?

Funk Hegemann: Ja, ich höre dich gut, Hans, herzlichen Glückwunsch!

Funk Kammerlander: Danke, du Thomas, ich glaube, wir funken vielleicht ... wie spät ist es jetzt überhaupt?

Funk Hegemann: Es ist jetzt elf Uhr und fünf Minuten!

Funk Kammerlander: ... *(unverständlich)* ... ein Uhr funken! ... *(unverständlich)* ... zwei Stunden!

Funk Hegemann: Einen guten Rückzug!

Funk Kammerlander: Bis ein Uhr! Ende!

Report Hegemann: Die Expedition hat also ihr Ziel erreicht. Frage an Reinhold Messner: Was für ein Gefühl löst das aus, wenn man oben steht, ist man glücklich, jubelt man?

Kommentar Messner: Nein, da ist alles sehr weit und auch nicht mehr reell, das ist nicht mehr greifbar, das ist auch nicht mehr wichtig. Im großen und ganzen ist man dann schon nur mehr eine Identifikation mit dem Gipfel, mit dem letzten Punkt, und daß man wieder runterkommt. Es ist die Absurdität schlechthin. Jemand, der weiß, daß das absurd und daß es gefährlich ist und daß er dabei umkommen kann, das ist ein Mensch, der mit der Absurdität lebt ... ich sag sogar, das ist ein richtiger Mensch, weil das Leben ist generell absurd, und nur, wer das erkannt hat, kann das Leben leben, alle anderen verschlafen es! Und eine solche Wand ist absurder als alles andere.

Report Hegemann: In der Philosophie würde man das Nihilismus nennen!

Kommentar Messner: Ja, das ist es auch!

Report Hegemann: An nichts glauben, keine übergeordnete Instanz anerkennen, das taucht bei Reinhold Messner während der Expedition häufiger auf. Einmal sagt er: »Wer einen anderen Menschen braucht als Vorbild oder Richtungsgeber, ist nicht wirklich ernst zu nehmen, man muß seine eigenen Werte bestimmen, aus sich heraus leben.« Aber andere Menschen sind für Messner auch sehr schnell uninteressant, wenn sie sich nicht mit ihm beschäftigen. Im Basislager war das bei gemeinsamen Gesprächen oft zu bemerken; sobald nicht mehr von ihm und seinen Ideen die Rede ist, schaltet Reinhold Messner innerhalb von Sekunden ab, hört nicht mehr hin. Viel weniger komplex begründet Hans Kammerlander für sich, warum er sich solchen Gefahren am Berg aussetzt.

Kommentar Kammerlander: Ich nehme das in Kauf, weil das ein Leben ist, wie es mir gefällt, ein Leben, das nie langweilig wird, und ich ziehe ein kurzes, interessantes Leben einem langen, langweiligen vor.

Kommentar Messner: Wenn wir einen Tag länger geblieben wären, wären wir am nächsten Tag vermutlich mit den Lawinen runtergekommen, aber nicht mehr lebendig.

Report Hegemann: Dieser schnelle, konsequente Abstieg bedeutet auch, daß Reinhold und Hans ihr Lager IV auf über 7000 Meter abbrechen. Ohne dieses Hochlager aber haben die anderen drei Bergsteiger, die im Lager II auf ihre Gipfelchance warten, keine Möglichkeit mehr, den Gipfel zu erreichen. Als ich ihnen das per Sprechfunk mitteile und auch noch vorschlage, sie sollen Reinhold und Hans entgegengehen, um ihnen beim Abstieg zu helfen, fragen sie ungläubig nach:

Funk Schiestl: Also, die verlegen noch das Lager IV tiefer? Kommen!

Funk Hegemann: Ja, aber die Bitte ist auf jeden Fall, daß ihr möglichst bald losgeht und versichert. Meine Bitte ist, daß ihr das Funkgerät mitnehmt und euch jede halbe Stunde kurz meldet, damit wir den Kontakt herstellen können zwischen euch, ist das möglich?

Funk Schiestl: Bitte einen Moment warten, Thomas!

Funk Patscheider *(klingt sehr verärgert)*: Ja wieso brechen sie denn das Lager einfach ab, wenn wir aufsteigen möchten morgen?

Funk Hegemann: Entschuldigung, darüber kann ich jetzt nicht diskutieren, die Jungs sind fix und fertig, es ist vermutlich völlig kaputt oder so ... ich weiß nicht, warum ihr jetzt darüber diskutiert, bitte kommen!

Funk Patscheider *(kleinlaut und resigniert)*: Ja, verstanden, wir gehen jetzt ...

Funk Hegemann: Im Moment müßten wir eigentlich mal sehen, denke ich ... so von hier unten ... daß jetzt erst mal die Hilfe für die beiden da ist ... daß die heil runterkommen, bitte kommen!

Funk aus Lager II: ... *(Rauschen)* ...

Funk Hegemann: Ich werd wahnsinnig, die hören nicht zu! Basislager an Lager II, bitte melden! ... Du, sag mal, sind die denn ...

Report Hegemann: Was hier auf den ersten Blick sehr unkameradschaftlich wirkt, hat allerdings einen handgreiflichen Hintergrund. Die drei Bergsteiger nämlich, die jetzt im Lager II erfahren, daß ihre Gipfelchance hinüber ist, hatten fast die gesamte, äußerst anstrengende Vorarbeit in der Wand besorgt. Dann kam Reinhold Messner, sauste auf den Gipfel, nachdem die Drecksarbeit getan war, und fertig. Die Frage taucht auf, hatte Messner das hinterlistig so eingefädelt oder nur konsequent und richtigerweise eine Schönwetterperiode ausgenutzt, als diese die Gipfelchance eröffnete? Ich persönlich glaube letzteres, aber es bleibt ein Rest von Unsicherheit. Auf jeden Fall machen sich die drei in Lager II trotz ihrer wütenden Verdächtigungen auf den Weg, um Reinhold und Hans zu helfen. Auch Steinschlag und aufkommendes Gewitter halten sie nicht ab.

Es ist das alltägliche Unwetter ab Mittag, das den Himmel aufs neue verdüstert. So schnell es ging, stiegen wir vom Gipfel zurück zu unserem halb kaputten Zelt von Lager IV, das wir am Morgen zurückgelassen hatten. Obwohl wir beide völlig fertig waren und sich der übermächtige Drang breitmachte, einfach in die Schlafsäcke zu kriechen und eine Nacht auszurasten, sagte uns der letzte Funken Verstand und Wille, daß wir weiter hinunter mußten. Wir wußten ja nicht, ob sich dieser nun schon fast gewohnte Sturm wieder beruhigen würde, oder ob er in eine länger andauernde Schlechtwetterperiode übergehen würde. Dann nämlich wären wir oben in Lager IV gefangen gewesen wie in einer Falle.

Gefangene nicht nur von Höhe und Kälte und mangelnder Ausrüstung, sondern vor allem von der großen Lawinengefahr, die den mittleren Teil der Annapurna-Wand prägt. Über diesen Abschnitt mußten wir also noch hinunter, dann, unten auf dem ersten Séracriegel, wären wir aus dem Schlimmsten draußen gewesen.

Wir lassen mehrere für den Abstieg nicht notwendige Ausrüstungsgegenstände am Lagerplatz IV zurück, nehmen das Zelt aber mit. Daß dies für wenig Freude bei unseren drei Kameraden gesorgt hat, die den Aufstieg noch vor sich hatten und den Stützpunkt gebraucht hätten, kann ich aus ihrer Sicht verstehen. Aber es war für uns in der gegebenen Situation nicht möglich, auf das Zelt zu verzichten und ohne Biwakschutz, ohne die letzte Reserve, einen Abstiegsweg fortzusetzen, von dem wir nicht wissen konnten, wie weit er uns führte.

Wir steigen an diesem 24. April, unserem Gipfeltag, auch noch die Strecke bis zum Lagerplatz III ab, seilen uns durch den darunterliegenden Plattengürtel und treffen bei 6700 Meter in starkem Sturm auf die beiden Reinhards, die uns mit einem Rucksack voll Seilen und Haken entgegenkommen. (Darshano war im Lager II zurückgeblieben.) Aufmerksam begleiten uns die Freunde hinunter, während laufend Steinschlag durch die Wand fegt und kopfgroße Steine aus dem Schneetreiben an uns vorbeirasen (Reinhold wird von einem Splitter am Knie getroffen, zum Glück aber nur leicht verletzt).

Durch die Orientierungsrufe von Darshano finden wir im dichten Nebel bald das Lager II, wo wir uns in die Zelte werfen. Wir trinken Tee, ich nehme eine halbe Schlaftablette, dann falle ich in einen komaähnlichen Schlaf.

Allein, die Dramatik des Tages ist noch nicht zu Ende. Gegen 22 Uhr weckt uns Patscheider, weil er draußen mit dem Schneeschaufeln nicht mehr nachkommt. Ein Meter Neuschnee in wenigen Stunden droht die Zelte zu erdrücken, so daß wir alle, unabhängig vom Zustand, in dem wir sind, beim Schaufeln helfen müssen. So geht es die ganze Nacht. Gegen vier Uhr früh gleitet

Auf 6700 Meter kommen uns von unten Reinhard Patscheider (im Bild) und Reinhard Schiestl aus dem Schneegestöber entgegen.

mir die Schaufel aus der Hand, ich erreiche noch eine Schaummatte, die in einem Schneeloch liegt und falle außerhalb des Zeltes in einen tiefen Schlaf bis zum Morgen.

Am 24. April erreichten wir alle zusammen das Basislager. Das Schlechtwetter hält an. Erst drei Tage später können unsere drei Kameraden wieder aufbrechen, um ihre Gipfelchance zu wahren. Sie überspringen in einem Zuge Lager I, bleiben einen Tag in Lager II und erreichen am dritten Tag etwa 6800 Meter. Aus dieser Höhe erhalten wir dann über Funk die Nachricht, daß sie aufgeben wollen, die lawinenschwangeren Flanken im Mittelteil der Wand lassen ein weiteres Vordringen nicht mehr zu.

Beim Rückzug bricht Reinhard Patscheider – mit dem Gesicht zur Wand abkletternd – mit einem Fuß in einem Schneeloch ein, verliert nach hinten das Gleichgewicht und stürzt, sich dauernd überschlagend, ungefähr 400 Höhenmeter durch die Wand. Auf der Firnterrasse des ersten Séracriegels, wo auch Lager II steht, bleibt er knapp vor der Plateaukante liegen. Er hat unwahrscheinliches Glück gehabt. Befreit von allen irdischen Gütern wie Rucksack, Schlafsack und teurer Minolta, ist er fast unverletzt ge-

blieben und kann am nächsten Tag blau wie ein Veilchen aus eigener Kraft den Abstieg ins Basislager antreten.

Kommentar Messner: Wir haben von der Linie, von der Zeichnung her, eine der schönsten Wände nicht nur im Himalaya, sondern überhaupt geklettert und ich bin ganz sicher, daß diese Wand auch in 100 Jahren noch eine schöne Linie sein wird ... eine Linie, die die Leute anschauen und nachvollziehen können. Als Linie, nicht als Erlebnis. Als Erlebnis haben wir das erlebt und gesehen und gemacht, und wir werden bald nur mehr die schöneren Situationen sehen und sagen, da sind wir durchgekommen, wir kommen beim nächsten Mal wieder durch und werden es wieder irgendwo versuchen. Aber eine so schöne Linie noch zu finden, die man ganz von unten bis oben neu gehen kann, also wo nicht schon andere herumgebastelt haben, das ist nicht so einfach.

Anmerkung: Reinhard Patscheider starb 1998 am Grand Cobin. Die Umstände dieses Bergunfalles blieben ungeklärt. Reinhard Schiestl kam bei einem Motorradunfall ums Leben.

Rückzug: Widrige Witterungsverhältnisse erschwerten uns nach dem Gipfelerfolg den Abstieg.

Elmsfeuer am Dhaulagiri und andere Gewitterstunden

Dhaulagiri

Schnee überall, abgrundtief, aber wir sind oben. Auf den Knien verschnaufe ich einige Minuten, versuche, ein paar Gipfelfotos zu machen. Auch Reinhold ist müde, in nur drei Tagen sind wir aus dem grünen Wald bis hier herauf gestiegen, obwohl uns die vorangegangene Expedition, die Nordwestwand der Annapurna, bis auf die Haut ausgemergelt hatte.

Langsam, ganz langsam werden die Atemzüge ruhiger und der Kopf klarer, schleichend auch beginnt sich die Kälte des Bodens in meine Beine zu fressen. Ich stehe auf, schüttle mich wie ein Hund, es ist so gut, nicht mehr weiter nach oben zu müssen.

Da, unversehens, fängt es an den Schläfen an zu brummen. Ein stumpfes Eisen frißt sich winselnd in mein Hirn. Ich bin verwirrt, wer setzt mir da einen stumpfen Bohrer an, treibt ihn seitlich in den Kopf hinein? Ich falle auf die Knie zurück – es ist weg. Beim nächsten Versuch, mich zu erheben, wirft mich das vibrierende Dröhnen fast um. Hirnblutung? Trommelfell geplatzt? Oh nein, das darf doch nicht sein.

Hilfesuchend schaue ich zu Reinhold, der soeben aus seiner Kuhle, in die er nach dem letzten Gipfelschritt versunken war, herauskriecht. Halb auf den Beinen erst, hebt er jählings an zu fluchen: »Wer zupft mich da an meinen Ohren, da reißt etwas an meinen Ohren!« Er sieht aus wie ein Reisigbesen, seine lange Haarmähne und alles Gewächs im Gesicht steht gerade nach oben, flackert und knistert, obwohl es windstill ist.

Über den Wolken: Der Dhaulagiri war schon mein fünfter Achttausender.

Das gibt es doch nicht! Strahlend blauer Himmel über uns, Sonne und Fernsicht, nur unten im Tal, etwa 500 Meter tiefer, ein geschlossenes Wolkenmeer.

Panik erfaßt mich, auf den Spitzen der Gipfelfelsen springen blaue Flammen von Stein zu Stein, in der Luft flimmert ein gefährliches Zischen wie die Rassel einer Klapperschlange. Geduckt hetzten wir den Grat hinunter, immer wieder von einer unsichtbaren Rute getroffen, und jedesmal, wenn in einer unachtsamen Bewegung der Pickel über die Gratfelsen hinausragt, sprüht dessen Spitze gleich einer Wunderkerze heiße, kristallene Sterne.

Wir fliehen vom Gipfel des Dhaulagiri wie stiebendes Wild und wissen nicht, wovor. Kein Krachen ist zu hören, kein Sturm peitscht uns. Bei 7500 Meter, nach Eintauchen in die Nebelbank, treffen wir auf unser letztes zurückgelassenes Biwak. Unbemerkt hat leises Graupeln eingesetzt. Ein brennender Schlag aus dem Reißverschluß des Zeltes reißt mir fast den Arm aus.

Hinausgelehnt: in den Dächern der Westlichen Zinne

Westliche Zinne

Drei Jahre früher, 1981, Dolomiten. Ich hänge im »Riesendach« der Westlichen Zinne, einem Überhang, der annähernd waagrecht aus der Nordwand des Berges vorspringt und mit seinen 40 Metern Ausladung als der größte, jemals gekletterte Überhang gilt. Wenn schon technische Kletterei, dann eine Orgie, habe ich mir gedacht und bin zusammen mit einem Freund aus Vierschach zur vierten Begehung eingestiegen. Im eigentlichen Überhang, rund drei Seillängen über dem Wandfuß, stecken kurze, teils rostige Bohrhaken, von unten nach oben etwa einen Zentimeter in den Kalkfelsen getrieben. Nach Überwindung der äußeren Dachkante geht es schwierig in sehr steilem Fels weiter. Ab hier ist ein Rückzug praktisch ausgeschlossen.

Am späten Vormittag haben wir diese Stelle erreicht, das senkrechte Gelände hier scheint uns flach nach dem heiklen Fliegentanz am Plafond des großen Daches. Wohl selten bin ich so locker und befreit eine immer noch mauergleiche Wand emporgestiegen. Zum ersten Mal aber können wir auch wieder den Himmel über uns sehen, in dessen fahles Firmament sich hinter dem Gipfel herauf eine schmutzige, fast grünliche Wolke geschoben hat. Eine dünne Rauchfahne, wie sie diesen runden Wiesenpilzen entfährt, wenn man sie mit dem Fuß zertritt.

Wir wissen, was das bedeutet. Doch noch ehe wir zu einer Maßnahme fähig sind, gibt es einen Knall, in dem der ganze Berg erzittert. Aus der Ausstiegsschlucht der Cassin-Route direkt über uns, durch die auch wir zum Gipfel müssen, fliegen Steine, nur Minuten später rauscht ein Sturzbach aus Lehm, Geröll und Wasser die Schlucht herab.

Wir sind mitten im Auge des Gewitters, in Sekunden bis auf den letzten Faden durchweicht. Schlagartig auch ist es stockdunkel geworden, so wie man durch eine Schweißerbrille den Tag erlebt. Explosionsartige Schläge durchreißen die Düsternis, einer mit einem stehenden, gleißenden Lichtstrom. Im Nachglühen der Zündung, dessen klares Gelb mir noch ganz deutlich in Erinnerung ist, kann man für einen winzigen Moment die Umgebung orten, während ich Heini in der Dunkelheit schon aus den Augen verloren habe.

Feuerstrahl, Donner, Aufatmen und lärmendes Branden der Regenwand. Steigende Spannung, noch ein bißchen Zeit, noch drei Augenblicke, noch nicht, jetzt, nein – zerfetzender Knall, ich bin noch da, ja, keine Verbrennung, aus der Wassermauer ein Schrei, eine Handvoll Stillstand, mitzählen, vierundvierzig, fünfundvierzig, sechsund … – Flirren und Krachen, Stakkato der Hölle.

Ich kralle mich in den Berg, der Faustriß einer Verschneidung bietet leidlichen Halt. Durch den Verschneidungsgrund fließt ein Bach aus Hagelkörnern, bis zu den Unterarmen stecke ich in der eisigen Schrotbrühe, darf nicht loslassen. Immer noch folgt Schlag auf Schlag, und nach jedem kleben wir noch an der Wand, sind wiederum nicht hinauskatapultiert worden ins weiß sich färbende Kar. Das Spektakel dauert eine halbe Stunde, dann gehen Prasseln und Tosen rund um uns in

Handarbeit: die »Lobiser Schupfen« oberhalb von Rain im Tauferer Ahrntal

Beängstigendes Naturschauspiel: Sommergewitter über dem Talkessel von Sand in Taufers (nächste Doppelseite)

leiseres Rascheln über. Wie in Zeitlupe stirbt das Toben ab, die triefenden Platten verschwinden unter einem glitschigen Panzer, und die Pausen zwischen Funken und Gepolter werden länger. In der Wand, in unseren Kleidern zieht Winter ein.

An diesem Tag, wie später auch am Dhaulagiri, hatte ich große, schreckliche Angst. Eine Angst, bei der alle Schließmuskeln aufgehen und bei der Hühner ihre Federn verlieren, wenn der Habicht aufbaumt.

Aus diesem Grund will ich hier nicht Geschichten alpinistischer Heldentaten erzählen, sondern einzelne Erlebnisse mit dem hellsten aller Lichter, das so zufällig und mächtig zerstören kann, was sich am Berg bewegt.

Jugend daheim

Meine ersten Erfahrungen mit Blitz und Donner machte ich als junger Hüterbub auf der Alm, die zu unserem Hof gehört. Eine kleine Bergwiese oberhalb des Dorfes Rein, mit einigen Kühen und Schafen. An der Stalltür hing ein Kranebittbuschen (Wacholderstrauch) als Bann gegen alle Unwetter, und wenn das Brantele, der Hausrotschwanz, im Heustadl nistete, was fast alle Jahre vorkam, waren Mensch und Vieh darin sicher.

Trotzdem erfaßte mich Furcht, wenn schwarze Schauerwolken von der Windschar oder dem Mühlwalder Tal her aufzogen, eine dumpfe, unbestimmte Beklemmung wie vor der Dunkelheit, vor der Nacht. Dann mußten wir Hüterbuben die Tiere

zusammentreiben, welche die drohende Gefahr viel früher spürten und nicht selten in wilder Flucht über die Hänge stoben. Pferde und Rinder drängten meist zum Wald hinunter, während Schafe zur Höhe rannten und oft kopflos und blindlings abstürzten.

Hof und Dorf wurden durch die Zweige der Haselstaude beschützt, die in unseren Berglagen recht verbreitet ist. Frische Gerten, vor Sonnenaufgang geschnitten, halten den roten Hahn fern, ein Brauch, der bis vor wenigen Jahren noch in mancher Südtiroler Stadt gepflegt wurde. So meint es jedenfalls der Volksmund.

Was freilich alles nicht verhindern konnte, daß mich mit vierzehn Jahren ein Blitzschlag voll erwischte. Vor meinem Heimathaus war er in einen Baum gefahren und hatte uns, einen befreundeten Bauern und mich, in das darunterliegende Feld hinuntergeworfen. Ich trug keine bleibenden Schäden davon, doch wurde mir die unbestimmte Scheu, die mich bis dahin immer erfüllt hatte, mit einem Mal zur klaren Erkenntnis.

Immer öfter war ich versucht, am Einstieg einer Wand umzudrehen, wenn kleine Wetterzeichen oder eine Ahnung mich in Unruhe versetzten. In den kühlen Morgenstunden eines Klettertages ist die Spanne zwischen Phänomen und Einbildung sehr schmal, und manches Mal muß ich wohl schon komisch gewirkt haben gegenüber Kameraden und Gästen, mit denen ich als Bergführer unterwegs war. Umkehren, ja, mit nagenden Selbstzweifeln und der Gestik, als hätte mir jemand Juckpulver hinters Hemd gestreut, aufgeben, mit allen Ausreden dieser Welt.

Das geht so weit, daß es dich regelrecht freut, wenn sich später irgendwo ein kleines Wetterleuchten zeigt, daß du hoffst, ein kleiner Spritzer möge euch noch vor der rettenden Hütte erwischen. Dann blühen, absurd genug, auch deine Gäste auf, die mürrischen Gesichter – fixiert auf sonnige Ferientage – lichten sich, und jeder bestellt einen Schnaps.

Es wird trotzdem noch knapp genug.

Hochfeiler

Gratüberschreitung in den Zillertaler Alpen. Früher Nachmittag. Schwefelgelb der Horizont, auf einen Schlag. 200 Meter unter dem Gipfel des Hochfeilers breche ich ab, quere mit meinen Begleitern in die Südflanke und mache mich aus dem Staub. Drüben am Westgrat, dem Normalweg, steigen Leute noch aufwärts. Eine Viertelstunde später, wir haben den tiefen Gletscherkessel fast erreicht, kracht ein Funkenkanal in die Spitze des Berges, auf dem ein lockeres Grüppchen seine Gipfelfete zelebriert. An diesem Tag – die gesamten Ostalpen liegen in einer schweren Gewitterfront – stirbt Siegfried Messner, ein Bruder von Reinhold und Präsident des Südtiroler Bergführerverbandes, am Stabelerturm im Rosengarten durch Blitzschlag.

Punta Fiames

Montag, erster Tag einer Tourenwoche in unserer Alpinschule. Wir sind zum Via-Michielli-Strobel-Klettersteig nach Cortina d'Ampezzo gefahren. Noch vor dem ersten Schritt hat jeder der Gruppe ein schweißnasses Hemd. Der Himmel ist klar, ein herrlicher Tag. Zur allgemeinen Überraschung heiße ich alle ins Auto einsteigen und fahre zurück in den Klettergarten. Tödliche Blicke in meinem Rücken, einige Stunden der Einsamkeit. Desertion, glaube ich, nennt man so was. Der Lokalteil der Dienstagszeitung bringt einen Gewitterunfall am Michielli-Strobel-Eisenweg, der Anzeigenteil zwei schwarzumrandete Mitteilungen.

Obige Touren-Aufzählung ist nicht vollständig, doch eine Fortführung würde langweilig. Nicht viele Berggefährten halten das Unwetter am Berg für die größte Gefahr, so wie ich. Da rangieren Steinschlag, brüchiger Fels oder Spalten weit obenauf. Und

trotzdem glaube ich, daß ich vieles besser steuern und ins Kalkül ziehen kann als die vernichtende Gewalt eines Blitzes, der oft fast sprichwörtlich aus dem heiteren Himmel fällt. Alte Leute aus meiner Heimat haben mir erzählt, daß es »heiße« und »kalte« geben soll, feurige Kugeln, die durch die Häuser wandern, und von Bergen und Bäumen, die ihn locken und bannen, je nachdem. Ich bin kein Wissenschaftler, und mir ist es auch egal, ob Zeus ihn schleudert oder Plus und Minus eines Kumulus. Den Naturvölkern ist Blitz und Donner Inhalt von Gebeten und Sagen, von Ehrfurcht und Demut. Auch für mich.

Nach dem Abstieg vom Dhaulagiri, von dem ich am Beginn dieser Geschichte erzählt habe, erfuhren wir von unseren Sherpa, daß in den Niederungen ein gewaltiges Unwetter losgebrochen war, unterhalb der Wolkendecke, die wir überschritten hatten. Im frischen Schnee des vergangenen Sturmes wanderten wir talaus und ließen uns berichten, wie die Erde erbebt war unter dem Aufruhr der Elemente. Am sandigen Hang einer Flußlandschaft sah ich plötzlich etwas aufblitzen in den Fußstapfen meines Vordermannes. Ich hob das flaschengroße, längliche Stück auf und wusch es im eisigen Wasser eines Seitenbaches. Zum Vorschein kam ein Bergkristall, so groß und rein, wie ich noch keinen gesehen hatte. Die Kanten und Flächen in meiner Hand funkelten wie der hellste Stern. Behutsam und verstohlen legte ich ihn in den Rucksack und blieb hinter der Gruppe zurück, um nicht reden zu müssen. Denn keiner hätte es verstanden, daß ich soeben einen von der Erde gefesselten Blitzstrahl, ein verwunschenes Himmelslicht gefunden hatte.

Schöner Fund: ein Bergkristall, den ich am Fuße des Dhaulagiri gefunden habe

Ganz oben

Höhenphysiologische Betrachtungen

Von Oswald Oelz

Als mich Reinhold Messner zur Cho-Oyu-Winterexpedition 1982 einlud, sagte er: »Es werden noch zwei junge Südtiroler mitgehen, einer davon ist ein richtiger Südtiroler Bauernbub.« Die hohe Anerkennung, die dabei in seinen Worten klang, sollte wohl bedeuten, daß dies wohl das beste Holz sei, aus dem Bergsteiger gemacht sein könnten. Daß dem so war, zeigte sich denn auch in den Monaten im Winter an dieser schwierigen, kalten und grausam gefährlichen Wand am siebthöchsten Berg der Welt. Meist war Hans vorne führend und ermöglichte mit Reinhold unseren Weg nach oben. Das Klischee vom bescheidenen Bergsteiger traf hier wieder einmal zu. Die eigenen Leistungen tiefstapelnd hat er uns »Alte« anerkennend aufgebaut.

Kammerlander übernahm damals die Rolle von Friedl Mutschlechner, dem anderen idealen Seilpartner Messners, da die noch zu frischen, zu wenig ausgeheilten Erfrierungsschäden von der Kangchendzönga-Nordwand dem Friedl Zurückhaltung aufzwangen. Hans wurde zu Reinholds perfektem, gleichgestellten Partner. Die zwei waren eine Ideal-Seilschaft: an dem einen Ende der junge, scheinbar völlig unbekümmerte, gar nicht bäuerliche Stürmer Hans, den ich schon den Wahnsinnigen genannt habe, und am anderen der gereifte Messner mit dem unvergleichbaren Erfahrungsschatz und dem phänomenalen Instinkt, im entscheidenden Moment das taktisch Richtige zu tun. Darum konnte diese Seilschaft Erfolge einheimsen, dabei aber trotzdem überleben, wie zum Beispiel die Überschreitung der beiden Gasherbrums und die

Kalte Angelegenheit: Basislager am Fuße des Cho Oyu während unserer Winterexpedition

Vollmondnacht: In den Zelten am Cho Oyu wird noch gelesen (nächste Doppelseite).

Durchkletterung der Annapurna-Nordwestwand. Kammerlander und Messner waren nämlich in der Lage, selbst in Reichweite des Ziels umzukehren, wenn das Risiko zu groß war wie im lawinengeladenen Gipfelhang der Cho-Oyu-Südwand oder auch im Wintersturm am Makalu. Das Aufwachsen im gleichen Kulturkreis schaffte wohl die Basis für das Einander-Verstehen in dieser Partnerschaft, während die gemeinsamen Ausflüge in den Grenzbereich um 8000 Meter Höhe Freundschaft und gegenseitigen Respekt begründeten. So ist es denn zu hoffen, daß diese Beziehung weiter erhalten bleibt, so wie jene von Shipton und Tilmann.

Körperlich und in ihren physiologischen Charakteristika gleichen sich die beiden hageren Südtiroler stark. Wegen ihrer ungewöhnlichen Leistungsstärke habe ich sie exakt untersucht. Die üblichen klinischen Messungen von Herz- und Lungenfunktion, die ich am Universitätsspital Zürich durchgeführt habe, ergaben Normalwerte im Bereich mittelgut trainierter Ausdauerathleten, und Hans Kammerlander ist damit vergleichbar Jerzy Kukuczka, Krzysztof Wielicki, Peter Habeler,

Michl Dacher, Doug Scott, Hans Engl und Friedl Mutschlechner. Das gleiche gilt für die Bestimmung der Muskelfasertypen und die elektronenmikroskopischen Untersuchungen der sauerstoffverarbeitenden Mitochondrien, der »Energiefabriken« des Muskels. Auffällig war die gute Versorgung der Muskelfasern mit Blutgefäßen, was sicher einen sinnvollen Anpassungsmechanismus an Sauerstoffmangel darstellt.

Entgegen aller Prognosen ergab die Messung der maximalen Sauerstoffaufnahmefähigkeit auf dem Laufband und in der Unterdruckkammer »enttäuschende Werte«. Hans und andere Elite-Höhenbergsteiger sind in ihrer maximalen Sauerstoffaufnahme Amateur-Marathonläufern vergleichbar und nicht, wie früher vorausgesagt worden war, Weltklasse-Marathonläufern. Auffällige Resultate fanden wir bei der Messung der Atmungscharakteristika auf Meereshöhe sowie in der Unterdruckkammer auf 6000 Meter Höhe. Hans und andere Elitebergsteiger reagierten auf Sauerstoffmangel deutlich früher als Kontrollpersonen und zwar mit einer gesteigerten und vertieften Atmung, welche zu einer Verbesserung der Sauerstoffsättigung des Blutes in der Höhe führte. Diese willkürlich nicht dauernd beeinflußbare Atemtätigkeit wird durch das Atemzentrum im Gehirn gesteuert und ist offensichtlich der wichtigste physiologische Mechanismus zur Kompensation von Sauerstoffmangel bei leistungsstarken Höhenbergsteigern.

Demgegenüber zeigen Bergsteiger, die in der Höhe immer wieder an akuter Bergkrankheit mit Kopfweh, Übelkeit, Erbrechen, Schwindel und Husten leiden, eine ungenügende Steigerung der Atmungstätigkeit bei Sauerstoffmangel. Im besonderen haben Patienten mit Höhenlungenödem, bei denen es durch Austritt von Blutwasser aus den Gefäßen in die Lungenbläschen zu Atemnot und bald zum Ersticken wegen Ertrinkens in der eigenen Blutflüssigkeit kommt, ein »faules« Atemzentrum im Gehirn. An solchen Komplikationen des Höhenaufenthaltes hat Hans nie gelitten und wird es auch in Zukunft nicht tun, wenn er sich vernünftig akklimatisiert. Er

Aufstieg in der Cho-Oyu-Südostwand auf über 7000 Meter Höhe

zeigt in hohem Maß die entscheidendsten Eigenschaften erfolgreicher Höhenbergsteiger, nämlich Motivation und Leidensfähigkeit. Durch diese Eigenschaften werden zwar nicht physiologische, wohl aber psychologische Barrieren überwunden und so die Grenzen des Machbaren verschoben, wie bei der Überschreitung der beiden Gasherbrums.

Wenn man sich das Ausmaß des Sauerstoffmangels bei der Besteigung des Makalu oder des Lhotse vor Augen hält, so überrascht es, wie gut sich das sonst für Sauerstoffmangel so empfindliche Gehirn von solchen Torturen erholt. Hans und andere erfolgreiche Höhenbergsteiger imponieren ja im allgemeinen dadurch, daß sie von seiten ihres Nervensystems her gesund und intellektuell leistungsfähig sind. Immerhin wurde von einigen Höhenbergsteigern berichtet, daß sie sich für Wochen bis Monate nach Rückkehr aus großen Höhen nicht mehr an Namen oder Zahlen erinnern konnten. Da zudem in jüngster Zeit behauptet wurde, daß dieser extreme Sauerstoffmangel zu feststellbaren Hirnschädigungen führen müsse, hat man deswegen das extreme Höhenbergsteigen in seinen Effekten auf das Gehirn mit berufsmäßigem Boxen verglichen. Deswegen habe ich zusammen mit der Neuropsychologischen Abteilung des Universitätsspitals Zürich Hans und andere Extremhöhenbergsteiger untersucht. Dabei zeigte sich nicht nur, daß Kammerlander blitzgescheit ist, sondern daß auch seine Merkfähigkeit, seine affektive Wahrnehmungsfähigkeit, das logische Denken, verbales und figurales Lernen, Frischzeitgedächtnis, Feinmotorik und andere Eigenschaften vollständig intakt waren. Hans darf also ohne Sorge für sein Gehirn weiterhin in die dünnste Luft hinaufklettern und hat noch die Befriedigung, daß er durch die Ermöglichung solcher Studien uns gleichzeitig Einblick in die Situation jener Patienten gibt, welche wegen schwerer Lungen- oder Herzkrankheiten ständig an Sauerstoffmangel leiden und damit bildlich gesprochen immer an den Flanken eines Achttausenders leben.

Meine Vorstellung von Hans Kammerlander wäre nicht vollständig ohne den Bericht einer Episode aus dem Herbst 1986. Nach der Rückkehr vom Lhotse und vom Makalu, an dem sie an der Leiche des abgestürzten Marcel Rüedi vorbeigekommen waren, wurden Hans, Reinhold und Friedl von Presse-Hyänen geradezu belagert, welche den Schweizer Lesern ein entsprechendes Foto möglichst großformatig vorführen wollten. Nachdem Marcels Frau gebeten hatte, keine solchen Fotos zu veröffentlichen, widerstanden die drei allen Angeboten der mit großen Geldscheinen winkenden Sensationsreporter und demonstrierten, daß das Vermarkten um jeden Preis, das ihnen frustrierte, erfolglose Neider immer wieder vorwerfen, dort aufhört, wo es um Freundschaft und Verläßlichkeit geht.

Alleingang

Ganz er selbst sein darf
jeder nur, solange er allein ist.
Wer also nicht die Einsamkeit liebt,
der liebt auch nicht die Freiheit;
denn nur, wann man allein ist,
ist man frei.
Schopenhauer, Aphorismen zur
Lebensweisheit V

Der Brief kam überraschend. Nicht nur, daß ich den Absender nicht kannte, es war mir auch entgangen, daß mich überhaupt jemand gesehen hatte.

Die Fotos, die er enthielt, waren gut gemacht, Teleaufnahmen vom Vorbau schräg gegenüber der Wand. An der Kleidung des winzigen Männchens mitten in den gelben Überhängen erkannte ich mich wieder. Drei Wochen vorher war ich durch die Südwand der Kleinen Zinne geklettert, auf der Route von Toni Egger und Hans Sauscheck (1955), die heute mit VI+ bewertet wird.

Allein.

Ich entfalte das beiliegende Papier. Es stellt sich ein deutscher Urlaubsgast vor, der mich offenbar beobachtet hatte und der durch gezielte Nachforschungen nach dem Solokletterer in einer der umliegenden Hütten auf meinen Namen und meine Adresse gestoßen war. Ob ich erlaube, erkundigt sich der Wanderer, daß er mir einige Lichtbilder und seinen unaufgeforderten Kommentar hiermit übersende.

Ich erlaube.

»Sie sind«, meint der kluge Mann, »entweder ein Dichter oder ein Narr!«

Allein: Soloklettern in der Südwestwand der Kleinen Zinne

Die Kleine Zinne in den Sextener Dolomiten mit ihrer Südwestwand

Er hat meine Zustimmung. Wie alle Leute, die mich nicht mehr fragen nach dem Warum, sondern die Antwort, wie immer sie auch ausfallen möge, selber geben. Das bringt Ruhe in die Welt, die Ruhe, die ich dort oben suche.

Vieles ist geschrieben worden über die Alleingänger am Berg. Ich schließe mich an, nicht um den Stein der Weisen darzulegen, sondern um ein bißchen zu erzählen von dem Erlebnis, das die meisten nicht finden, weil ohne einen Funken Narrheit sich ihre Karabiner zu Handschellen verdichten.

Ich sehe mich gehen, durch einen dunklen Wald aus Fichten. Den Weg kenne ich nicht. Armdicke Wurzeln schlängeln sich über den Boden, wo große, wulstige Pilze stehen und hüfthohes Farnkraut. Ich habe Angst.

Die Steine werden immer größer und mehr, die Bäume sind eingehüllt in einen Mantel aus Flechten. Ein Tannenhäher warnt. Bei einer kleinen Lichtung trete ich aus dem Wald. Vor mir liegt ein Flecken Hochmoor, über und über bestanden mit weißem Wollgras. Ob hier die großen Schlangen sind? Mit

schlammigen Schuhen erreiche ich den Rand des Sumpfes, wo der Hang anzusteigen beginnt. Rotbrauner, brüchiger Fels bricht aus dem Heidekraut, leicht komme ich über den ersten Riegel hinweg. Auf der Kante hoch oben weicht eine Schar Gemsen zurück, unschlüssig zwischen Neugier und Reflex.

In einem Kar aus tischgroßen Felsblöcken fühle ich, wie das Alleinsein zupackt. Keine Stimme ist da, kein Wind. Ich bin schon hoch. Es waren keine Schlangen im Sumpf, gibt es sie noch? In einem Loch zwischen zwei Quadern vergammelte Reste von Riemenzeug und hellem Stoff, »U.S. Army« kann ich darauf entziffern. Ein Fallschirm aus dem großen Krieg. Die Sonne brennt, mein Atem fliegt, halb im Rennen erreiche ich den letzten Block, darüber nur noch Himmel. Ein Vogel, mit Schwingen so groß wie unsere Stalltür, steht in weiten Kreisen über der Scharte, ganz unten, winzig, ein paar Höfe, auch unser Haus kann ich erkennen. Ich habe mich am Morgen weggemacht von daheim, niemand weiß, wo ich bin. Der Moosstock hat mich gelockt seit all den Jahren, die ich denken kann. Und das sind weniger als die Finger meiner Hände, die fast noch zu klein sind für den rauhen Fels. Ich stehe zum ersten Mal auf einem Berg. Ich spüre den Atem der Steine, den Geist der Gräser und die Fährte des Getiers, ich bin einer von ihnen.

»Um den Einsamen schleichen Gespenster«, schreibt Jean Paul. Niemals mehr habe ich das Gefühl des totalen Aufgehens in der Natur, der erdrückenden Beklemmung und der Befreiung daraus durch mein Steigen stärker erlebt als an diesem Tag, an dem ich als Achtjähriger den Gipfel unseres mächtigen Hausberges betreten habe.

Einige Jahre vergehen. Politische Wirren im Land Südtirol bringen es mit sich, daß alle Bergsteigerhütten und alpinen Unterkünfte in Grenznähe zu Österreich vom Militär besetzt und für Zivilisten unzugänglich werden. Kaum einer in unserem Tal geht noch in die Berge, auf den Jöchern liegt Stacheldraht, und hinter Sandsäcken sieht man Gewehre. Wenn auch die großen

Klettertouren in den Zillertaler Alpen und der Rieserfernergruppe, die mir am nächsten sind, fehlen, so ist es doch dieses Gebiet, wo man mit dem Klettern beginnt.

Ich bin noch unterwegs, habe aber größere Ziele gefunden. In Ermangelung von geeigneten Partnern – eine junge Bergsteigergeneration gibt es nicht – gehe ich immer noch viel allein. Hauptsächlich in den Dolomiten. Zahllose Solotouren in den unteren Schwierigkeitsgraden folgen, bis mir im Jahr 1976 mit der Schober-Rossi am Ersten Sellaturm meine erste Tour im VI. Grad ohne Partner gelingt. Das Alleinklettern läßt mich nicht mehr los. Schwierigste Routen folgen, die meisten in den Dolomiten, aber auch anderswo in den Alpen. Den damals höchsten offiziellen Schwierigkeitsgrad gehe ich fast ausschließlich ohne Seil und ohne Ausrüstung, ich halte es für besser so. Etwa fünfzig Touren im obersten Bereich bringe ich bis zum Anfang meiner Expeditionszeit hinter mich.

»Aufi muaß i«, läßt der Wiener Liedermacher Wolfgang Ambros einen jungen Bauernbuben in seinem »Watzmannlied« singen. Trotz Todesgefahr wagt dieser den Aufstieg zum gewaltigen Felsendom über dem Königssee, um den anderen Burschen davonzusteigen. Ein dämonisches, verführerisches Weib, die »Gailtalerin«, hat ihm Erhörung und sexuellen Erfolg versprochen, wenn er den Bergriesen bezwingt. Ein Motiv?

Drei Typen von Alleingängern unterscheidet der Sologänger Norman Neruda 1894 in der Österreichischen Alpenzeitung: »Den Sucher nach den großartigen Eindrücken der innersten Gebirgsnatur, welche er nur in der Einsamkeit zu finden vermeint, den Sucher nach Notorietät und den Sucher nach Gefahren wegen ihrer selbst. Der erste unternimmt das Schwierigste, nicht das absolut Gefährlichste, der zweite unternimmt alles, wenn es nur den Ruf großer Schwierigkeit besitzt, und läßt sich von der Gefährlichkeit nicht abhalten, der dritte unternimmt mit Vorliebe das Gefährliche. Vielleicht gibt es auch solche, die zweien oder gar allen dreien Kategorien angehören.«

Gut gesprochen, wenn man die schillerndsten Gestalten dieser Zunft betrachtet. Aber wird man einem Lammer, Preuß, Buhl, Bonatti, Messner und so weiter mit dieser Darstellung gerecht? Zwei Kategorien hat Neruda auf jeden Fall vergessen: die Kinder und die Wahnsinnigen.

Die Naivität, mit der ein Kind einen Baum oder eine Mauer ersteigt, halte ich für die freieste, reifste Form des Kletterns. Zu ihr möchte ich mit achtzig Jahren wieder gelangen, wenn ich nur noch auf den Moosstock hinaufkomme.

Wahnsinnig wird jedoch, wer den letzten Rest Kindheit verloren hat. Wenn das Spiel zur Pflicht, zum Zwang wird, ist niemand gefährdeter als der Alleingeher. Es fehlt ihm die oft nötige Hand des Partners, vor allem, wenn aus emotionalen Tiefschlägen heraus irrwitzige Ideen in die Tat umgesetzt werden.

Es gibt Beispiele in der Alpingeschichte, wo Alleingeher absolut jede Grenzmarkierung, jede Spur von Sinn und Selbsterhaltung hinter sich gelassen haben. Da es aber schwierig ist, Urteile zu fällen, wenn man selber das für die Öffentlichkeit Unverständlichste am Bergsteigen, den Alleingang, betreibt, lasse ich andere zu Wort kommen.

So schreibt Helmut Krämer in der »Bergwelt« (5/1985) über die Cerro-Torre-Tragödie des Cesare Maestri, der als erster Kletterer in der Alpinhistorik gilt, der den VI. Grad solo und ohne Sicherung im Auf- und Abstieg kletterte: »Maestris Schicksal sollte es sein, diesen Abstieg am Cerro Torre zu überleben.« Gemeint ist die Ersteigung des Cerro Torre in Patagonien durch Maestri und Toni Egger, wobei letzterer beim Abstieg durch Eisschlag ums Leben kam.

Der Gipfelerfolg wurde damals sehr angezweifelt, woran Maestri psychisch zerbrach. Und weiter heißt es bei Krämer:

Einsamkeit und Alleinsein bestehen nicht nur aus psychischer Abgeschiedenheit, auch bei Expeditionen ist man im entscheidenden Moment ganz auf sich gestellt (vorige Doppelseite).

»Menschen, deren Glaubwürdigkeit derart in Zweifel gezogen wird, werden entweder verbittert oder verrückt. Maestri wurde zuerst das eine, dann das andere ... er kehrte zurück zu seinem Berg, um ihn noch einmal zu ersteigen. Allein. Allein mit den ungezählten Demütigungen, allein mit seinen schmerzenden Erinnerungen stand er nun unter dem eisigen Zacken und sagte ihm den Krieg an ... Was er, ausgerüstet mit einer Bohrmaschine, hier an diesem Berg in 54tägiger Einsamkeit aufführte, das trägt Spuren von Wahnsinn, von Zwanghaftigkeit und grenzenloser Aggressivität gegen sich selbst und gegen den Berg.«

Noch schlimmer erwischte es den Amerikaner John Watermann, für den der Zentralpfeiler in der Südwand des Mount Hunter (Alaska) zum Wendepunkt seines Lebens wurde. Am 26. Juni 1978 stand er am Gipfel des Berges, nach 124 Tagen in der entlegenen Wildnis, die nur mit dem Flugzeug zu erreichen ist, davon 81 (!) Tage in der Südwand bei ständigem Sturm und Schnee, eisiger Kälte und Hunger. Das Unternehmen war damit überstanden, ein fanatischer Plan geglückt, das Seelengerüst dabei aber voll über Bord gegangen.

Wieder eingegliedert in die Alltagswelt drehte Watermann durch und wurde in die Psychiatrische Anstalt von Anchorage eingeliefert. Als er merkte, daß man ihm seine Bürgerrechte aberkennen wollte, floh er. Zog erneut hinaus. Zum Gletscherpilot, der ihn wieder zu den Eisriesen ins Landesinnere fliegen mußte, sagte er: »Du wirst mich nie wiedersehen.«

Glen Randall berichtet (Alpin, 5/1984): »Am 1. April verabschiedete sich Watermann von seinen Freunden und brach auf, Richtung Ostpfeiler des McKinley. In seinem halbleeren Rucksack war kein Schlafsack und kein Zelt, sogar seine Sonnenbrille hatte er zu Hause gelassen. Sein Aufstieg führte über einen spaltenzerissenen Gletscher. Wochen später fand man einen Zettel, auf den er geschrieben hatte: »13. März 1981, 1 Uhr 42: mein letzter Kuß.«

John Watermann wurde nie mehr gesehen.

Es ist ein himmelweiter Unterschied, ob man die Südwestwand an der Cima Scotoni mit oder ohne Sicherung klettert.

So sehen die Eckpfeiler zu beiden Seiten des breiten Spektrums aus, mit dem man das Thema Alleingang erfassen kann. Auf der einen Seite kindlicher, absichtsloser Entdeckungs- und Probiertrieb, auf der anderen Paranoia bis aktive Selbstaufgabe. Irgendwo dazwischen versuche ich mich zu finden, um dieses Spiel weiter betreiben zu können. Irgendwo dazwischen, mit der Sicherheit von über hundert Alleinbegehungen im Rücken, kann ich mir die Beantwortung des Warum – wie eingangs erwähnt – schenken, um das Wie zur entscheidenden Frage werden zu lassen.

Ob mit dem Segelboot über den Ozean, mit dem Hundeschlitten zum Pol oder mit den Steigeisen hinter dem Hochgall, hier wird die Frage nach dem Stil, nach der Art, in der ein Unternehmen durchgeführt wird, quasi zum Inhalt desselben.

Allein gehen, das heißt völliges Auf-sich-selbst-gestellt-Sein, ohne moralischen Rückhalt, ohne den physikalischen Rückhalt des Perlons, das dich hält, und mit der gesamten Verantwortung für deine eigenen Ideen. Ich habe Routen wie die Cima-Scotoni-Südwestwand (Lacedelli), Tofanapfeiler, Peitlerkofel-

Nordwand (Messnerroute) ohne Seil und Haken geklettert, ohne jemals zu sichern. Das war möglich, weil ich sowohl körperlich wie geistig in Hochform war.

Vielfach werden aber solche Touren als Alleinbegehungen angegeben, bei denen mehrere Leute seilfrei neben- oder hintereinander herklettern. Das alles hat mit Alleingehen nichts zu tun. Oder wenn jeder Meter derart abgesichert wird, daß die Strecke bis zur Einholung der Sicherungsmittel dreimal geklettert werden muß. Ich erinnere mich an meine Begehung des Walkerpfeilers an den Grandes Jorasses im Herbst 1985 (in Seilschaft). Da überholten wir bald nach dem Rébuffat-Riß im unteren Wandteil einen englischen Sologänger, der dort oben biwakiert hatte. Mit enorm viel Ausrüstung brauchte er für einen Quergang in IIIer-Gelände unverhältnismäßig viel Zeit, der Seilsalat der Selbstsicherung war beeindruckend. Das alles bei großer Kälte und angekündigtem Schlechtwetter für den nächsten Tag. Auch der Italiener Renato Casarotto war, ohne seine Leistungen schmälern zu wollen, oft in diesem Stil unterwegs, raufte sich tagelang durch Alpenrouten, die andere dann nur mit Kletterschuhen und ohne Ausrüstung in wenigen Stunden bewältigten. Diesen Leuten erkenne ich die Hartnäckigkeit und den Willen an, wie ein Bergbauer dem Gelände Meter für Meter abzuringen, die Bewunderung aber für Kletterkönnen und Eleganz muß ich ihnen versagen.

Wirkliches Alleingehen heißt Reduktion. Frei zu sein von allem Ballast, sowohl technischem wie auch seelischem, das ist die Voraussetzung, um am Berg zum Vogel zu werden und nicht zur Kröte.

Meine Gedanken schweifen zurück, zum Piz Ciavazes, links in der Südwand die Via Italia, eine »umgekehrte Stiege«, wie es so schön heißt, also eine Kante mit lauter Überhängen. Die Kletterei ist fast ausschließlich technisch am Bohrhaken. Ich glaubte damals, die Steigerung des Alleingehens an dieser Haken-

leiter über die Abgründe hinaus zu finden. Ungesichert stieg ich durch die Route, eine stupide Hangelarbeit mit großem Risiko. Das hat mir damals viel (berechtigte) Kritik eingebracht. Damit nicht genug. Ich kletterte die Route ein zweites Mal, wieder allein, wieder ungesichert, für eine Filmaufnahme. Der Film kam von der Entwicklungsanstalt nicht zurück. Ich kletterte die Route ein weiteres Mal. Diesmal kam der Film zwar zurück, war aber zur Hälfte schwarz und gänzlich unbrauchbar.

Nun reichte es mir. Ich ließ alles sein, Bohrhaken, Film, Kamera und die ganze Technik. Kehrte zurück zur Kleinen Zinne, wo ich die schwierige Südwandroute von Toni Egger geklettert war, und ging hinüber zur Gelben Kante. Es hatte kurz etwas geregnet, was den Vorteil brachte, daß keine Leute mehr unterwegs waren. Nachdem es aber bald wieder aufgehört hatte, war die Luft wie aus Kristall.

Ich kletterte los, bestand nur aus Hose, T-Shirt, Kletterstiefeln und Gleichgewicht. Ach, wäre ich nur barfuß gestiegen! Es war wieder einmal später Nachmittag, eine Tageszeit, die mir so besonders gefällt. Das Aufwärts wurde wie ein Tanz, wie das Streicheln einer schönen Frau. Bis zum ersten Band auf halber Höhe der Kante vergingen knapp dreißig Minuten. Dann kam die Schlüsselstelle, eine steile, ausgesetzte Linksquerung im VI. Schwierigkeitsgrad. Traumwandelnd spreizte ich auf kleinen Tritten die ersten Meter hinauf, mit dem Körpergewicht voll auf den Zehenspitzen lastend, wie man es immer tut, wenn man sicher und gut in Form ist. An beiden Händen hatte ich zwei kleine, aber gute Griffe, als mich plötzlich ein kurzes, böses Knirschen, wie das Knacken einer Walnuß, aus der Balance riß. Ich rutschte einige Zentimeter ab, gerade soviel, daß mein ganzes Gewicht auf die Fingerkuppen kam, mit denen ich mich spontan halten konnte.

Nervenspiel: In meinem Tourenbuch stehen inzwischen auch viele Eisklettermeter.

Was war geschehen? Mitten aus der rhythmischen Bewegung heraus war am rechten Fuß, mit dem ich mich gerade abdrücken wollte, die im Kletterschuh eingearbeitete Plastikschiene gebrochen (die damals zur Versteifung der Sohle üblich war).

An einem herrlichen Tag, in einer voll beherrschten Situation war es also zu einer der gefährlichsten Situationen gekommen, die ich bis dahin am Berg erlebt habe. Der letzte Fetzen Künstlichkeit, den ich mitgenommen hatte, wäre mir fast zum Verhängnis geworden. Man hätte mich unten gefunden im Kar, zerschmettert, ohne zu wissen, was passiert war. Es wären Leute vorbeigekommen, hätten sich über mich gebeugt und mit Kopfschütteln »ajajaj« gesagt. Dazu alles andere, was immer gesagt wird, wenn ein Alleingeher abstürzt.

Jene Leute, die sich beim Autofahren auf ihren Gurt, bei der Zukunft auf SDI und beim Geschlechtsverkehr auf das Glück verlassen.

Aus meinem Tourenbuch

Es war etwa Anfang der siebziger Jahre, als ich mit dem Alleingehen von schwierigen Routen begann. Der Grund dafür war in erster Linie praktischer Natur. Es fehlten mir damals einfach die Partner. Des weiteren war ich fasziniert von der Intensität des Erlebnisses, das sowohl vom reinen Gefühl her ungeahnte Tiefen erschloß, als auch eine unübertroffene und kompromißlose Schule darstellt, den eigenen Geist und Körper auszuloten und zu erkennen.

In dieser Zeit stagnierte das Alleingehen in Südtirol und – wie ich meine – alpenweit, nachdem es mit Reinhold Messner 1969 einen bis dahin unerreichten Höhepunkt erlebt hatte (Philipp-Flamm, Marmolada-Südwand, Les-Droites-Nordwand).

Die Klettertouren, die ich der Reihe nach auf diese Weise sammelte, fanden vorerst kaum Widerhall in Bergsteigerkreisen, brachten mir aber später, als mein Name etwas bekannter wurde, so viel Kritik ein, daß ich letztlich mehr Angst vor den Menschen hatte als vor den Kletterstellen.

Ich habe über diese Jahre des Alleingehens ein lockeres, eher lückenhaftes Tagebuch geführt, aus dem ich die wichtigsten Touren, die mir aus verschiedenen Gründen etwas bedeuten, im folgenden vorstellen möchte. Das Tourenbuch endet im Jahr 1983, in dem ich mit der Besteigung des Cho Oyu von den Dolomiten zu den hohen Weltbergen überwechselte. Dieser Wandel in der bergsteigerischen Orientierung lockte mich bis zum Jahr 1999 auf mittlerweile zwölf Achttausender. Ab und zu gehe ich auch heute noch alleine, doch fällt es mir nicht mehr so spontan ein oder drängt mich direkt, wie das einmal der Fall war. Das

Maß an Allein-sein-Wollen wird durch die Himalaya-Expeditionen voll gedeckt. Denn trotz der Anwesenheit von Partnern ist dort oben die Einsamkeit oft erdrückend. Bei meinen Klettereien in den Alpen möchte ich heute vor oder hinter mir die Stimme eines Freundes hören.

In der Liste meiner Alleinbegehungen findet sich eine Menge von Routen, die derzeit wohl keine besonderen Anforderungen mehr darstellen. In den vergangenen Jahren ist mit dem gesamten Alpinismus auch das Soloklettern leistungsmäßig explodiert, und bei der Einordnung von wichtigen Stationen in alpinhistorischem Sinne zählen nunmehr einzelne Jahre soviel wie früher ein Jahrzehnt.

Von diesem Standpunkt aus werden auf lange Sicht nicht allein der aktuelle Standort der Schwierigkeiten von Bedeutung sein, der wie überall im Leistungssport untrennbar mit Jahreszahlen verbunden ist, sondern vielleicht mehr die wegweisenden Ideen und vor allem der Stil. Diesbezüglich entscheidend erscheint mir die Unterscheidung zwischen einigen wichtigen Begriffen. Die wirkliche, dem Sinne des Alleingehens entsprechende und anzustrebende Art ist »free solo«, also das Klettern ohne Partner und Selbstsicherung. Alle anderen Formen, etwa seilfrei mit Partner oder solo mit Seilsicherung entsprechen nicht dem Inhalt des Themas. Diese genaue Definition ist mir deshalb so wichtig, weil nur über sie weitere große Entwicklungen möglich sind. Ich bin der Meinung, daß das Soloklettern, im Klettergarten wie auf hohen Bergen, die Sparte im Alpinismus ist, die gegenwärtig als am stärksten ausbaufähig erscheint und am weitesten von den Grenzen entfernt ist. Der Schlüssel dazu ist allein die Schnelligkeit, vor allem auf den Achttausendern, und die ist mit »free solo« in optimaler Form realisierbar.

Wo ist nun diese vielzitierte Grenze, zumal beim Alleingehen?

Berühmt und berüchtigt: die Nordwand des Eiger

Im Jahr 1986, gerade als ich diese Zeilen schrieb, wurde über Fernsehen und Fachmagazine die Nachricht verbreitet, daß der Deutsche Wolfgang Güllich »Separate Reality«, das weltbekannte Sechs-Meter-Dach (5.11d, VII+, 300 Meter über Grund) im Yosemite Valley (Kalifornien), seilfrei geklettert hat.

Es wird wohl nicht das Ende sein. Ich bin überzeugt, daß früher oder später ein Sologeher den X. Grad in einer alpinen Wand erreichen wird. Nicht unwahrscheinlich erscheint mir die Zukunft, in der ein Alleingeher den Mount Everest, Lhotse und Nuptse in einem Zug überschreiten wird.

Einen Wunsch hätte ich, für den Fall, daß ich diese Zeit noch erlebe: daß es mir gelingen möge, die Kauzigkeit und den Neid des Alters ebenso seilfrei zu überwinden wie bisher die schwierigsten Kletterstellen, auf daß ich den Nabel der (Kletter-)Welt nicht in eigenen Taten sehe und mit Freude die großartigen Leistungen anderer Kletterer bewundern kann.

Allein unterwegs

1974

Fensterlekofel-Nordwestgrat (Rieserfernergruppe), V –
Erstbegehung (im Abstieg), seilfrei mit Partner
Ungeplante Erstbegehung anläßlich einer Überschreitung des Westflügels der Gruppe.

Große Windschar, Nordwestgrat (Rieserfernergruppe), IV+
Erstbegehung, seilfrei mit Partner
Welch ein Zufall! Die Schlüsselstelle der Tour, einen steilen Reitgrat, fand ich elf Jahre später in Gipfelnähe des Dhaulagiri wieder.

1975

Langkofel-Nordkante, IV
insgesamt zweimal geklettert, seilfrei mit Partner

1976

Hochgall-Nordwand (Rieserfernergruppe), Eistour
Aufstieg, Abstieg durch die Wand und wieder Aufstieg
(85 Minuten)

Große Zinne, Dibonakante (Sextener Dolomiten), IV
im Abstieg

Peitlerkofel-Nordwand (Peitlerkofelgruppe), V –

Erster Sellaturm, Schober-Rossi (Sellagruppe), VI
insgesamt viermal solo
meine erste Klettertour im VI. Schwierigkeitsgrad

1977

Tour Ronde, Nordwand (Mont-Blanc-Gruppe), Eistour,
seilfrei mit Partner
Auf dem Weg zum Fourche-Biwak machten wir einen Abstecher und rannten vor dem Abendessen die Wand hinauf.

Mont Blanc, Brenvaflanke, Moore-Sporn (Mont-Blanc-Gruppe), Eistour
seilfrei mit Partner
Wegen eines kranken Kameraden, der unten im Biwak geblieben war, mußten wir nach dem Gipfel wieder die 1300 Meter hohe Wand absteigen. Kurz bevor wir am Nachmittag unten

wieder die Biwakschachtel erreichten, fegte eine Eislawine durch den Gletscherkessel, den wir soeben passiert hatten.

Piz-Ciavazes-Südwand, Abramkante (Sellagruppe), VI –
insgesamt viermal solo
Kurz vor der Schlüsselstelle holte ich eine Seilschaft ein. Etwas bedrückend für mich war das Schauspiel, daß der Seilführende aufgrund seiner »Sprung«-Klettertechnik die Seilschlinge unter dem Überhang einige Male verfehlte und jedesmal in das Seil flog.

Piz-Ciavazes-Südwand, Via Italia (Sellagruppe), V+, A2
insgesamt dreimal solo
im Alleingang eine Tour für recht gute Nerven

1978

Kleine-Zinne-Südwand, Egger-Sauschek (Sextener Dolomiten), VI+, A0
erste Alleinbegehung dieser Route
Relativ brüchige Tour, die hohe Anforderungen an den Alleinbegeher stellt. Ich kletterte wie immer alle Passagen ohne Sicherung (75 Minuten).

Erster Sellaturm, Tissi-Route (Sellagruppe), VI –
insgesamt viermal solo

Kleine Zinne, Gelbe Kante (Sextener Dolomiten), VI –
insgesamt dreimal solo
Bei meiner ersten Begehung sehr heikle Situation durch Bruch

Grenzgang: Heikler Quergang im Wettersturz – da ist es gut, einen Partner dabei zu haben.

der Schuhsohle. Phantastische, luftige Dolomitentour, die an Schönheit kaum zu übertreffen ist. Seit jeher ein beliebtes Ziel für Alleingänger.

Piz-Ciavazes-Südwand, Schubert-Route (Sellagruppe), VI – insgesamt zweimal solo

Kleinste Zinne, Cassin-Route (Sextener Dolomiten), VI
Ich war an diesem Tag eigentlich nur zum Wandern und Fotografieren in das Zinnengebiet gekommen, da ich wegen eines Arbeitsunfalles (Bänderzerrung) in Krankenurlaub war. Meine einzige Ausrüstung bestand aus Turnschuhen, als mich höllische Lust packte und ich in die Route einstieg. Die Kletterei ging ausgesprochen glatt, nur beim Abstieg im Regen wäre ich die wasserfallähnlich durchflutete Preußschlucht fast nicht mehr hinuntergekommen.

Großer Falzaregotrum, Südostkante, Dibona (Fanisgruppe), V

1979

Tofana-di-Rozes-Südwand, »Erste Kante« (Tofanagruppe), V –

Tofana-di-Rozes, »Tofanapfeiler«: Südwestkante und Südostwand (Tofanagruppe), VI, VI A2
Das erste Mal in meinem Leben mit Reibungskletterschuhen unterwegs! Welch ein Gefühl! Am Anfang etwas Unsicherheit auf dem nach einem Unwetter noch nassen Fels, dann aber ein Rausch von Kletterei. Nach anderthalb Stunden der Gipfel des Pfeilers (über die Südwestkante). Schade. Ich gehe hinunter zur Dibonahütte, hole mir eine Bandleiter und steige erneut in den Tofanapfeiler ein. Diesmal in die Südostwand. Abermals zwei Stunden später habe ich die beiden Dächer dieser »Mittelwand« geschafft und stehe wieder am höchsten Punkt. Nach

nicht einmal einem halben Tag liegen nun fast tausend Höhenmeter solo im VI. Schwierigkeitsgrad hinter mir.

Piz-Ciavazes-Südwand, Micheluzzi-Route (Sellagruppe), V+
einmal die gesamte Wand, dreimal bis Gamsband
Ein drückend heißer Julitag. Da ich vorhatte, die gesamte »Micheluzzi« bis zum Gipfel zu klettern, wollte ich mich beeilen. Bis zum Gamsband mußte ich an vierzehn Kletterern vorbeisteigen, wodurch ich selten einmal auf der richtigen Route war. Im oberen Wandteil dann absolute Ruhe bis auf das Gewitter, das mich beim Ausstieg doch noch erwischte (und eine Mure aus Lehm vom Gipfelplateau in die Ausstiegsschlucht spülte). Der Abstieg am Pößnecker-Klettersteig war eine Flucht durch ein Feuerwerk, was ein Ehepaar scheinbar nicht zu stören schien, das noch tapfer aufwärts stieg (Zeit für die gesamte Südwand: zwei Stunden).

Piz-Ciavazes-Südwand, Via Irma (Sellagruppe), V, Ao

Cima-Scotoni-Südwestwand, Lacedelli-Ghedina (Fanisgruppe), VI, Ao
dritte Alleinbegehung (in 2 Stunden 20 Minuten)
Eine der großen Dolomitenwände. Man findet hier alles: freie Wand- und Plattenkletterei, Risse und Kamine, herrliche lange Verschneidungen, aber auch technische Passagen und brüchigen Fels. Aus meiner »ersten« Alleinbegehung wurde letztendlich nur die dritte, was aber der Tatsache keinen Abbruch tut, daß mir diese Tour recht viel bedeutet.

Hochferner-, Grießferner-, Hochfeiler-Nordwand (Zillertaler Alpen), Eistouren
seilfrei mit Partner, Hochferner im Aufstieg, Grießferner im Abstieg, Grießferner im Aufstieg, Hochfeiler im Abstieg, Hochfeiler im Aufstieg
Als Training für die Eiger-Nordwand geplant, kam uns diese

Marathontour in den Sinn, als in den Alpen noch keiner so recht daran dachte, lange Wände in Serie zu begehen. Wir benötigten für alle drei Wände, davon zwei auch im Abstieg, acht Stunden, seilfrei nebeneinanderher steigend. Da wir damals von Elektrolytgetränken und ähnlichem Wunderzeug nichts wußten, haben wir die verlorenen Mineralien auf der Eisbruggjochhütte mit Bier nachgeholt.

Fünffingerspitze, Diagonalriß (Langkofelgruppe), V–

Kleine Zinne, Nordwand, Innerkofler (Sextener Dolomiten), IV

1980

Dritter Sellaturm, Nordwestkante (Sellagruppe), V, Ao

Punta Fiames, Südostkante (Pomagagnongruppe), V

Piz-Ciavazes, Südwestverschneidung, Vinatzer (Sellagruppe), V+, Ao
40 Minuten

Kleinste Zinne »Preußriß« (Sextener Dolomiten), V
insgesamt zweimal solo

Geierwand, Südwestwand, Palfrader (Pragser Dolomiten), VI, Ao
erste Alleinbegehung
Vielleicht meine schwierigste Alleinbegehung. Die kaum bekannte, versteckte Wand (350 Meter Höhe), nahe Toblach im

Kletterparadies: die Drei Zinnen, Wahrzeichen der Dolomiten (vorige Doppelseite)

Pustertal, zeigt gelben, kleinsplittrigen Fels in gewaltiger Ausgesetztheit. Mein guter Spezi Franz Palfrader (ein Hydrauliker), der die Tour eröffnete, hatte als Haken plattgeklopfte Wasserrohre verwendet, die es heute ziemlich sekundär erscheinen lassen, ob man die Route mit oder ohne Sicherung klettert. Gesamtzeit 2 1/2 Stunden.

Große Zinne-Nordwand, Mauro-Minuzzo-Route (Sextener Dolomiten), VI, A1
wahrscheinlich zweite Alleinbegehung
Der Plan war, alle drei Nordwände der Drei Zinnen hintereinander auf schwierigeren Wegen als Claudio Barbier zu klettern (der die klassischen Nordwandrouten als erster an einem Tag bewältigt hatte). Ich dachte an »Mauro-Minuzzo« an der Großen, »Schweizer Weg« an der Westlichen, »Eisenstecken« an der Kleinen Zinne. Obwohl ich bombig in Form war, mußte ich das Vorhaben, das sehr schnell begonnen hatte (2 1/2 Stunden für die Mauro-Minuzzo) wegen Schlechtwetter abbrechen.

Erster Sellaturm, Südpfeiler (Sellagruppe), VI –

Cinque Torri, Torre Grande, (Via Germana) Cinque Torri, Torre Seconda, Nordverschneidung, (Nuvolaugruppe), VI+ im Aufstieg, IV+ im Abstieg
am Abend nach einem Führungstag

1981

Scotoni-Südwestwand, Dibona-Gedächtnisroute (Fanisgruppe), VI+
erste Alleinbegehung
Ich hatte die Tour in Seilschaft begonnen. Wegen Magenbeschwerden (Erich kotzte die ersten zwei Seillängen laufend die Wand hinunter) mußte mein Partner aufgeben. Ich übergab

ihm Seil und restliche Ausrüstung und stieg allein weiter zum Gipfel. Wandhöhe 630 Meter, Kletterzeit drei Stunden.

Zweiter Sellaturm: Nordwand, Messnerroute, Nordkante, Kasnapoff (Sellagruppe), V+ im Aufstieg, V– im Abstieg
Nach der »Messner« über die Nordkante absteigend, begegnete ich einem jugoslawischen Kletterer, der sich mit furchtbar klobigen Schuhen auf der Kante nach oben wühlte. Ich kletterte in Respektabstand an dem in Hanfschlingen eingehüllten Kämpfer vorbei und sah dann am unteren Ende des Seiles ein wunderhübsches, blondes Mädchen auf einem Absatz sitzen. Sie lächelte mir zu, und ich wußte, daß diesem herrlichen Geschöpf ganz gewiß nichts passieren konnte, obwohl sie die Schultersicherung wie eine Klavierspielerin bediente und das Seil verkehrt herum über die Schulter laufen ließ.

Cinque Torri, Via Miriam (Nuvolaugruppe), V–
insgesamt viermal solo

Dritter Sellaturm, Westwand, Vinatzer (Sellagruppe), V–

Piz-Ciavazes-Südwand, Zeni-Verschneidung und Soldá (Sellagruppe), V+, A1, VI bis Gamsband

Punta di Frieda, Südostwand, Comici (Sextener Dolomiten), V bis VI
Unklarheiten im Routenverlauf

1982

Brunecker Turm, Nordwestwand (Sellagruppe), VI
nach einer Führungstour

Delagoturm »Delagokante« (Rosengartengruppe), IV im Auf- und Abstieg

Winklerturm, Südwand, Stegerroute (Rosengartengruppe), VI nach einer Führungstour

Sass de Ciampac, Alte Südwand (Puezgruppe), V

1983

Peitlerkofel-Nordwand, Messnerroute (Peitlerkofelgruppe), VI –
erste Alleinbegehung
Um 17 Uhr eingestiegen, nach 1 3/4 Stunden am Gipfel. In Wandmitte baute ich wegen eines frischen Wandausbruches einen Verhauer, der mich etwas zu weit nach links hinaustrieb. Am Ende eines feinen Risses war auch ich mit meinem Latein am Ende. Nach minutenlangem Vor- und Zurücksteigen mit letzter Kraft fand ich im Anorak einen kleinen, kurzen Spachtelhaken, den ich fast wie einen Talisman ständig dabei habe. Nachdem ich diesen Haken in den Riß gesteckt hatte (Hammer hatte ich keinen mit), konnte ich mich daran entlasten. Eine kleine Ruhepause für Nerven und Hände. Später gelang es mir, mit einem äußerst heiklen Spreizschritt zurück in menschenfreundlicheres Gelände zu kommen.

Ein Fall für drei

»Was glaubst du«, meinte Friedl und drehte sich nachdenklich um, »ob das möglich wäre?« Ich antwortete ihm mit einer gequälten Zustimmung und trottete weiter durch die Latschen hinaus. Dem schmalen Steiglein hinterher.

Ich fühlte mich ertappt. Aber auch er hatte sich wahrscheinlich schon den ganzen Weg über mit dieser Frage beschäftigt.

Es war später Nachmittag und wir beide im Abstieg von der Westlichen Fanisspitze, von Einheimischen und Italienern Cima Scotoni genannt. Wir kamen von der »Lacedelli« in der Südwestwand, einer der berühmtesten Routen in den Dolomiten. Sie war uns glatt gelungen, ohne Hauruck und Murkserei, entgegen unseren Erwartungen. Und sie hätte ein Endpunkt sein sollen, ein Höhepunkt dieses Sommers, säuberlich aufgeschrieben und bewahrt einen dunklen Winter lang.

Aber unsere Träume waren bald weitergeflogen und hatten begonnen, mit der Vorstellung einer Alleinbegehung dieser Wand zu flirten. Still und heimlich, jedem für sich, war die Idee in den Kopf gekrochen. Und wohl wissend um die Gedanken des anderen wollten wir nicht viel darüber reden, ähnlich so, wie man es vermeidet, eine junge Verliebtheit durch viele Worte zu zerstören.

Ich gehe gern mit Friedl. Er ist einige Jahre älter als ich, von ihm habe ich das saubere Klettern gelernt. Gelernt auch, daß man in einer schwierigen Stelle die Zeit hat, zu stehen und zu schauen, und daß ein guter Witz, eine erfrischende Pointe zur rechten Zeit mehr ausrichtet als ein Stoßgebet und 15 Haken.

Die Cima Scotoni mit ihren steilen Südabbrüchen liegt in einem landschaftlich äußerst hübschen Teil der Dolomiten. Am Abend spiegelt sich ihre dann goldfarbene Südwestwand in den Wellen des kleinen Lagazuoisees, der wie ein Weihwasserbecken zu ihren Füßen liegt, und in der Runde erheben sich schlanke Türme und zersägte Grate zwischen verwinkelten Tälchen und Jöchern. Im Ersten Weltkrieg heiß umkämpft und einer der blutigsten Abschnitte der langen Dolomitenfront, wurde die Fanisgruppe bergsteigerisch erst relativ spät erschlossen. Die bekannteste Route durch die Südwestwand der Scotoni wurde 1952 eröffnet durch Mitglieder der »Scoiattoli«, was übersetzt Eichhörnchen bedeutet und der Name einer traditionsreichen Klettergilde aus Cortina ist. In den Sprachgebrauch der extremen Kletterer ist die Route unter dem Namen »Lacedelli« eingegangen, nach einem zu seiner Zeit sehr starken ampezzanischen Kletterer, der zwei Jahre nach Begehung dieser Wand auch als erster Mensch den Gipfel des K2 erreichen sollte (zusammen mit Compagnoni).

Nicht zuletzt dem heroischen Begehungsbericht der Cortineser Dreierseilschaft in der Rivista Mensile des CAI aus dem Jahre 1953 verdankte es dieser neue Anstieg, daß er sich zu einem der gefürchtetsten und geheimnisumwobensten der Dolomiten mauserte. Von Pendelquergängen an wackeligen Haken, von einem dreifachen menschlichen Steigbaum zur Überwindung der Schlüsselstelle war dort die Rede. Als »die Wand mit den schwierigsten Kletterstellen« bezeichnete sie schließlich Luigi Ghedina, einer der Erstbegeher, in einem Vergleich mit den damals schwierigsten Alpenwänden. Auch Gunter Landes, der Verfasser des Kletterführers »Nordöstliche Dolomiten« und von vielen Bergsteigern etwas scharf als »Märchenonkel« kritisiert, nimmt in seiner Anstiegsbeschreibung Anleihe bei suggestiven Bildern: »... eine der schwierigsten Routen der Dolomiten überhaupt ... erklettert, wobei ein Dachüberhang mit einer weißen, vollkommen grifflosen Platte darüber überwunden wird; ... wird mit Haken, Trittschlingen

und einem doppelten menschlichen Steigbaum, dann mit einem äußerst schwierigen Pendelquergang nach rechts begangen.«

Nun gut, wir hatten sie also durchstiegen, und noch lange nicht genug getan für dieses Jahr. Unsere Wege trennten sich, Friedl ging seiner Arbeit als Bergführer nach und ich meinen bohrenden, siedenden Gedanken. Es ist gut, mit einem Freund klettern zu gehen, zusammen im Biwaksack zu hocken, von einem Teller zu essen. Und es ist gut, von Zeit zu Zeit das Seil einzurollen und eigene Wege zu suchen, damit nicht Klostersuppe zur gemeinsamen Mahlzeit wird.

Ein älter gewordener Sommer sah mich wieder unter der Wand. Die Nächte waren schon empfindlich kalt und die Felsen am Morgen von frischem Tau überzogen. Ich wollte mir Zeit lassen, lag noch einige Stunden am Ufer des Sees und betrachtete traumverloren die plattengepanzerte Wand. Sechshundert Meter hoch spannte sie sich fast zum Platzen, ab und zu hörte ich einen Stein daraus fallen wie den Westenknopf von einem prallen Wams.

Gegen zwei Uhr nachmittags stieg ich ein. Ich hatte nichts mitgenommen, eine kleine Reepschnur nur und meinen Brustgürtel.

Der Vorbau war leicht. Locker und schnell höher spreizend, hörte ich plötzlich hoch in der Wand Hammerschläge. Wieder und immer wieder drang der Klang von Eisen auf Eisen zu mir herab, und ich konnte mir nun auch die Steine erklären, die immer noch ins Kar klatschten. Bedenken kamen auf. Ich konnte nicht wissen, ob die Seilschaft über mir etwa Haken entfernen würde, ohne die in einigen Stellen der Durchstieg für einen Alleingeher illusorisch sein müßte.

Südwestwand der Cima Scotoni: Nicht immer, wenn man glaubt, der erste zu sein, stimmt das auch wirklich.

Die erste schwierige Seillänge brachte mich zur Ruhe. Sie ist in dieser Route gewissermaßen ein Prüfstein für das gesamte Unternehmen und beanspruchte meine Reserven nicht. Eine kurze technische Stelle überlistete ich, indem ich mit dem Fuß hoch in die Schlinge an einem Messerhaken stieg, nicht ohne vorher für die Hände winzige, jedoch sichere Haltepunkte gefunden zu haben.

Für einen Augenblick machte sich hier noch der Gedanke breit, alles sein zu lassen und zurück zum See zu gehen, denn technische Kletterei ist für den Alleingänger zweifellos das gefährlichste Terrain. Allein, ein Seil war nicht dabei, und so strafften sich die kommenden Minuten zu einer einzigen Alternative, die Aufwärts hieß.

Die zweite Seillänge habe ich ungemein steil in Erinnerung. Eisenfester Fels, aber einförmiges, schwarzes Gelände mit schwieriger Liniensuche. Ich wußte schon von unserer Seilschaftsbegehung her, daß die Anstiegsbeschreibung im Führer – offenbar eine mangelhafte Übersetzung aus dem Italienischen – nicht genau stimmte, und deshalb war ich zu größter Konzentration gezwungen, auch weil die fehlende Gliederung der Platten dem Auge und der Erinnerung wenig Ankerplätze bot. Einen Meter weiter links, zwei Meter zu weit rechts, und du steckst in einem Sportkletterproblem, an dem du die Zeitplanung und die subjektive Überlegenheit begraben kannst.

Balsam daher fürs Gemüt, als ein gelber Riß mich aufnahm und hinaufleitete bis zu einem Kriechband. Auf diesem wie eine Blindschleiche hinausrobbend, erreichte ich das große Schuttband am Ende des ersten Wanddrittels. An diesem Punkt konnte ich das erste Mal die Seilschaft über mir ausmachen. Sie kletterte etwa in Mitte der gigantischen Plattenmauer, die das mittlere Drittel der Wand bis zum zweiten großen Schuttband hinauf beherrscht und schien sehr langsam zu sein. Bedächtig kletternd und gewissenhaft nagelnd erbeuteten sie das feindliche Territorium.

Ich hatte sie bald erreicht. Ich fand mich nun prächtig in

Form, die Routenfindung gab hier keine Rätsel mehr auf, und alle Griffe und Tritte des senkrechten Parketts fühlten sich so groß an, wie die Augen des Seilzweiten hervorstanden, als ich ihn begrüßte.

Die Seilschaft kam aus Bayern und war schon seit sieben Uhr früh in der Wand, wie mir versichert wurde. Klamme Finger hätten sie gehabt. Ich stellte mich ebenfalls vor und wechselte ein paar Worte, die so oder ähnlich immer fallen, wenn man sich auf einem Standplatz trifft. Aber ich wollte meinen Rhythmus nicht verlieren und schickte mich an, langsam und vorsichtig wie ein Diesel vorbeizusteigen.

Da stoppte mich ein Anruf, und die Tonlage des folgenden Angebots ließ mich stutzen. Ob ich nicht zu ihnen ans Seil kommen möchte, der Fels solle hier, laut Beschreibung, brüchiger werden, und überhaupt wäre das wohl sehr gefährlich. Höflich lehnte ich ab, ich wüßte schon, was ich täte. Das freundliche Gesicht knapp unter mir nahm nun die Form einer abgekletterten Schuhsohle an, und der Gedanke hat mich bis zum Gipfel nicht mehr losgelassen, ob nicht vielleicht eine abgewürgte Bitte diesen Vorschlag geboren hatte.

Immerhin, der Platz ist schlecht in einer solchen Wand, um sich zu viele Gedanken zu machen. Diese sind zwar aus Luft oder schwerelosen elektrischen Strömen, werden aber zur zentnerschweren Last, wenn man sie in die Hosentasche steckt.

Der Abstand zwischen uns wurde größer, aus der Tiefe kam ein letztes »Mach's gut!«, dann bog ich in die große Verschneidung ein, die den Ausstieg zum zweiten großen Schuttband vermittelt. Ich fand nun keine neuen Universalhaken mehr, an denen noch das Preisschild aus dem Laden geklebt hatte, und die Wand verschluckte mich wieder wie der Lagazuoisee einen Regentropfen. Zwischen den Beinen hindurch sah ich hinunter in das grünmelierte Kar, und der Kaugummi, den ich aus Spaß und Spiel hinausspucken mußte, verschwand noch vor dem ersten Aufschlag aus meinen Augen.

Ich zählte nicht mehr Meter noch Seillängen, nahm Überhänge als Brücken und Kanten für Highways, das LSD der Scotoni hatte mich ereilt. Hatte mich geteilt. Nur jetzt nicht übermütig werden, rief ich dem Hans noch nach, den ich entrückt an Henkelgriffen steigen sah. Zu schnell waren sie geklettert, Körper und Seele, als daß die Seele mitgekommen wäre. Gemütlich schlenderte diese über traumhafte Kletterstellen die Wand hinauf, während Arme und Beine dem Gipfel entgegeneilten. Meine Seele hatte sich abgesetzt, flog auf silbernen Schwingen um die Fanis, badete im blauen See und schlich unter hitzeklirrende Latschen. Am Gipfel trafen wir uns wieder.

Jahre später habe ich diese Erscheinung noch einmal bei einem Sherpa im Everestgebiet gefunden. Ich solle mich, meinte er nach einer anstrengenden, schnellen Anmarschetappe, mit meiner Frage an ihn etwas gedulden, sein Geist käme erst hinterher.

Am Gipfel blieb ich eine halbe Stunde. Dann rannte ich den Normalweg an der Westseite des Berges hinab und gelangte gegen 18 Uhr wieder zum Wandfuß. Am Ende des mittleren Drittels konnte ich die zwei Punkte erkennen, die es wohl schwer haben würden, an diesem Tag noch auszusteigen. Vielleicht hätte ich doch bei ihnen bleiben sollen, flüsterte mir eine langsam einsetzende Entspannung zu.

Dann fuhr ich nach Hause, glücklich über die erste Alleinbegehung der »Lacedelli« in der Scotoni-Südwestwand.

Einige Wochen später, es war inzwischen November geworden, traf ich in St. Kassian im Gadertal Friedl. Er war mit einigen Gästen auf der Fahrt zu einer Klettertour, ich ebenfalls, aber allein. Beim gemütlichen Plausch und einem Bier (am Vormittag!) erhaschte ich die günstige Gelegenheit, ihm vor seinen Gästen von meiner ersten Alleinbegehung zu erzählen. Seine Augen wurden größer, dann kleiner, schließlich zupfte er sich am Bart und bestellte ein zweites Bier. Leicht schmunzelnd und mit englischer Trockenheit erkundigte er sich nach dem Datum. Nach einem gewaltigen Schluck, der im Glas die Neige und bei mir eine düstere Vorahnung auslöste, eröffnete er mir, daß er selbst eine Woche vor mir die Wand allein durchstiegen hatte. Ich gratulierte, gönnte es ihm auch von Herzen, da hob er noch mal an: »Ach, weißt du«, meinte er besinnlich, »vielleicht ist das alles nicht so wichtig, bei meiner Rückkehr zur Scotonihütte hat mir der Wirt erzählt, daß ich wohl der Schnellste, aber auch nicht der erste gewesen sei, ein deutscher Sologänger habe drei Tage vor mir die Wand gemacht.«

Anmerkung: Friedl Mutschlechner kam 1991 bei einer vom Autor geleiteten Expedition am Manaslu im Himalaya ums Leben.

Vom richtigen Druck im richtigen Augenblick

Von Michl Dacher

Eines schönen Tages im Winter 1982 klingelte das Telefon. Reinhold Messner war am Apparat und lud mich ein, mit ihm zum Cho Oyu in den Himalaya zu fahren, dem sechsthöchsten Berg der Erde (8202 m).

Ich freute mich und sagte zu. Reinhold hatte mir erzählt, daß auch ein junger Südtiroler dabei sein würde, den ich zwar vom Hörensagen kannte, aber am Berg noch nie gesehen hatte. Er hieß Hans Kammerlander, und Reinhold hatte mir versichert, daß dieser gut in Form sei und wir uns hundertprozentig auf ihn verlassen könnten. Das war mir recht, denn ich hatte schon zu oft schlechte Erfahrungen am Berg gemacht mit Leuten, die ich vorher nicht kannte. So aber war eine hohe Leistungsstärke in der Gruppe garantiert.

Ich war damals 50 Jahre alt, stand also in einem Lebensabschnitt, in dem viele mit dem extremen Bergsteigen schon längst aufgehört hatten. Und obwohl bereits Großvater, war für mich klar, daß ich auch weiterhin zu den hohen Bergen der Welt fahren wollte. Daß ich dazu fähig war, hatte ich mir und anderen bei vielen Gelegenheiten bewiesen, doch stand auch fest, daß ich nicht mehr die 20 oder 30 Jahre zur Verfügung haben würde, durch den Himalaya zu bummeln wie ein Junger. Ich packte also die Gelegenheit beim Schopf – und meine Sachen zusammen.

Im späten Frühjahr 1983 fuhren wir los. Bereits beim Anmarsch durch das Solo Khumbu war das Wetter nicht gerade freundlich zu uns, immer wieder gab es Schneefall und Regen.

Kurze Zweifel kamen auf, ob das nicht schon ein früher Monsun sein könnte, es war schließlich schon Mitte April, doch dann kamen wir zur Überzeugung, daß nur eine außergewöhnlich schlechte Wetterperiode, aber kein Monsun unseren Weg begleitete.

In dieser Phase habe ich wieder zu schätzen gewußt, was für mich einer der wichtigsten Schlüssel für das Gelingen einer Himalaya-Expedition ist: das Beisammensein von erfahrenen, leistungsfähigen Kameraden, die so schnell nicht aus der Ruhe zu bringen sind und die auch nicht so schnell an objektiven Hindernissen scheitern. An den Bedingungen, die wir beim Anmarsch vorfanden, wäre manch andere Gruppe bereits zerbrochen. Sie wäre zerbrochen, obwohl sie vielleicht weitergekommen wäre im Moment, im hüfttiefen Schnee, in dem selbst die Yaks bis zum Bauch versanken, und in der großen Kälte. Aber sie hätte keine Chance mehr gehabt direkt am Berg, weil sie schon bis zum Basislager zuviel körperliche und geistige Kraft verbraucht hätte in der Anspannung der einzelnen Schlechtwettertage. Die Kunst einer Gipfelbesteigung im Himalaya ist nämlich nicht nur das effektive technische Können, sondern die Fähigkeit, die Kraft, die man hat, ganz gezielt einzusetzen und den psychischen Druck, der auf einer Gruppe lastet, wochenlang abzulassen wie im Überdruckventil einer Dampflok, ihn nur dann ganz gezielt zum Schub einzusetzen in den wenigen Situationen, wo es ums Ganze geht.

Wir errichteten Ende April unser Basislager auf 4800 Meter. Ursprünglich war geplant, wenigstens teilweise im klassischen Expeditionsstil zu arbeiten, also mit Einrichtung von Hochlagern und mit Hilfe unserer Sherpa. Durch den Zeitdruck der vorgerückten Jahreszeit aber und durch das schlechte Wetter entschieden wir uns, das Unternehmen in reinem Alpenstil durchzuziehen. Wir packten also unsere Siebensachen, teilten den ganzen Berg von Ausrüstung durch drei und machten uns vom Basislager aus auf den Weg.

Problem für Tier und Mensch: Schneefälle erschwerten am Cho Oyu den Anmarsch zum Basislager.

Geplant war die Südwestflanke des Cho Oyu, eine Route, die nicht sehr hohe technische Schwierigkeiten aufweist, aber über die noch nicht allzuviel bekannt war.

Auf 6300 Meter errichteten wir ein erstes Hochlager. Noch immer war das Wetter schlecht, und es stellte sich als richtige Entscheidung heraus, daß wir die Sherpas unten gelassen hatten. Die großen Rucksäcke drückten zwar schwer auf unsere Schultern, doch war es eine Selbstverständlichkeit, daß jeder von den Gegenständen, die der Gruppe gemeinsam gehörten, wie Zelt, Kocher oder ähnliches, sich seinen Teil auflud. Vor uns lag ein gemeinsames Ziel, wir waren alle zugleich Boß und Diener, es war ein Unternehmen, bei dem das Gepäck jedes Mitgliedes nicht einzeln gewogen werden mußte wie bei anderen Unternehmen.

Für unser zweites Hochlager wählten wir ein großes Firnband auf 7100 Meter Höhe. Jetzt blieben noch 1100 Höhenmeter bis zum Gipfel, wir wollten sie an einem Tag versuchen. Bis hierher war alles gut gegangen, trotz der nicht optimalen äußeren Umstände. Wir hatten die richtige Taktik gewählt und waren imstande gewesen, das Klima in der Gruppe locker und angenehm zu halten, uns ohne große, nervenaufreibende Spannung an den Gipfel heranzutasten.

Der Morgen des 5. Mai, des Tages unseres Gipfelangriffs, war neblig, Schneefall lag in der Luft. Wir zögerten kurz, zogen dann aber voller Entschlossenheit nach oben. Nun war da nichts mehr von der gemütlichen Stimmung, die uns bisher begleitet hatte, der absolute Erfolgswille und der Drang zum Gipfel hatten schlagartig eingesetzt. Ich selber war überzeugt davon, daß es mit dieser Mannschaft gehen mußte, und gab kräftig Gas. Hans seinerseits machte einen Druck, wie ich ihn von einem Fast-Neuling an einem Achttausender noch nicht gesehen hatte, und auch Reinhold trieb die Gruppe, als hätte er nicht Bergsteiger, sondern einige Schafe bei sich. Der Biß meiner beiden Kameraden war mir gut verständlich, sie waren schon im Winter zuvor an diesem Berg gescheitert, ich selbst hatte ebenso gute Motive, an diesem Tag das letzte zu geben.

Fast drei Generationen von Bergsteigern kletterten da zusammen einem windumtosten Gipfel entgegen. Hans, der genau die Hälfte an Jahren zählte wie ich, Reinhold, der mir ebenfalls ein Schulalter vorgeben mußte, und ich, der alte, verrückte Bergfanatiker (wie ich mich selber gerne beschreibe), der in diesen Monaten gerade am Überlegen war, ob er die letzten Berufsjahre bis zur Pensionierung durchziehen oder darauf verzichten sollte, um sich voll und ganz auf das Höhenbergsteigen zu konzentrieren.

Etwa zehn Minuten nachdem wir drei das Zelt verlassen hatten, merkten wir, daß keiner von uns einen Höhenmesser dabei hatte. Gerade bei dieser schlechten Sicht aber war ein solcher zur Orientierung dringend notwendig, und so ging ich freiwillig zum Zelt zurück, um einen zu holen. Bald hatte ich meine Kameraden wieder eingeholt, und abwechselnd spurend kletter-

ten wir dem unsichtbaren Gipfel entgegen, ständig eingehüllt von leichtem Schneefall und Nebel.

Die ganze Geschichte ist nun schon einige Jahre her, und einzelne Stunden oder Tage des ganzen Ablaufs sind aus der Erinnerung verschwunden. Was geblieben ist, ist das Andenken an ein sehr ausgeglichenes, schönes Abenteuer, bei dem es förmlich in der Luft lag, daß wir zusammenpaßten, und daß der Motor des Unternehmens, unser aller Kraft und Wille, absolut synchron gelaufen war. So konnte jeder von uns die Stärken, die Arbeit und den psychischen Druck, den er zu leisten imstande war, voll für den Vortrieb im Gelände einsetzen, ohne sich Gedanken machen zu müssen über jeden Schritt oder die klettertechnischen Probleme eines Partners.

Das ist nicht immer so. Bei meiner Expedition zum Gasherbrum II im Juni 1987 habe ich wieder gesehen, welch unfähige Bergsteiger sich immer wieder an den höchsten Bergen der Welt versuchen. Manche davon haben Probleme, auf einer aperen Moräne über lockeres, ebenes Schotterwerk zu gehen, manche sind nicht imstande, einen Schneehang von der Steilheit einer mittleren Skipiste mit dem Gesicht talwärts abzusteigen. Auch manche Alpinschulen und Trekkingorganisationen sorgen dafür, daß sich viele schwache oder hoffnungslos überforderte Leute an diesen Bergen versammeln.

Das wäre an sich alles kein Problem, wenn man imstande wäre, nicht hinzusehen oder zu -horchen, sich um die eigenen Belange zu kümmern und den Leuten freien Willen und die Wahl zu lassen, gegebenenfalls auch abzustürzen. Aber genau das geht eben nicht. Immer wieder wird man während einer Expedition mit den haarsträubenden Aktionen, die diese Bergsteiger aufführen, konfrontiert, was sehr stark an der Psy-

Naturgewalt: Abbruch eines Sérac in der Südwestwand des Cho Oyu (vorige Doppelseite)

che rüttelt und es äußerst schwierig macht, die eigene Kraft für die eigene Idee gezielt einzusetzen.

Wir erreichten die Gipfelzone immer noch bei leichtem Schneetreiben, die Sicht war sehr schlecht, und wir hatten Mühe, uns auf dem großen, buckligen Firnplateau, das den Gipfel des Cho Oyu ausmacht, zu orientieren. Immer wieder gaukelten uns mannshohe Windgangeln in der Ferne den höchsten Punkt vor, und immer wieder mußten wir feststellen, daß nach der Schneetreterei über die Länge eines Fußballfeldes ganz hinten doch noch ein Spitzchen herausragte, das höher erschien.

Wir waren nun bereits ziemlich fertig. Die Technik des Alpenstils, die wir in ihrer reinsten Form an diesem Berg angewandt hatten, forderte ihren Tribut. Die durchgehende, anstrengende Spurarbeit mit schwerem Gepäck hatte uns ausgelaugt, doch irgendwann am Nachmittag des 5. Mai standen wir schließlich am Gipfel des Cho Oyu. Wir hatten, was sich später herausstellen sollte, die bis dahin schnellste Begehung eines Achttausenders durchgeführt, waren in genau 20 Tagen von Kathmandu aus zum Gipfel und wieder dorthin zurückgegangen.

Doch damit bin ich schon zu weit vorgeprescht. Zuerst mußten wir schließlich noch vom Gipfel herunter in unsere Lagen gelangen. Wir irrten, was kaum anders möglich war, wiederum einige Zeit auf dem Gipfelplateau umher, bis wir einige erhaltene Tritte unserer ansonsten zugewehten Aufstiegsspur fanden und den eigentlichen Abstieg beginnen konnten.

Wie Betrunkene wankten wir talwärts, ausgequetscht an Kraft und Flüssigkeit wie eine Zitrone nach Passieren einer Fruchtsaftfabrik. Im steileren Gelände der Südwestflanke fiel uns die Orientierung leichter, und so gelangten wir sicher hinunter in das oberste Lager (Lager II), das wir am Morgen verlassen hatten. Wie Tote fielen wir in das Zelt, dösten eine Zeit-

lang hingestreckt auf den Schlafsäcken, unfähig im ersten Moment, uns der Steigeisen zu entledigen oder überhaupt die einfachsten Handgriffe zu erledigen.

Reinhold oder Hans – wer genau, weiß ich nicht mehr – begann zu kotzen, die Anstrengung hatte uns bis zum unkontrollierbaren Brechreiz gemartert. Als der eine fertig war, fing der andere an, der stechende Geruch von Magensäure erfüllte das Zelt. Auch ich hatte das Würgen schon im Halse stehen, konnte mich aber gerade noch beherrschen. Da meinte Reinhold: »Na seht, wie gut wir zusammenpassen, auch diese Arbeit machen wir alle zugleich!« Was mich natürlich veranlaßte, Reinhold darüber aufzuklären, daß ich noch nicht teilgenommen hatte an der allgemeinen Übergeberei. Im Bewußt-

Augenblicke des Glücks: mit Reinhold Messner am Gipfel des Cho Oyu, meines ersten Achttausenders

sein meines kleinen psychologischen Sieges und mit einer Spur Schadenfreude griff ich zur Tasse Tee, die mir Hans herüberreichte, und trank einen Schluck. Dem Tee waren nur wenige Sekunden in meinem Inneren vergönnt, ich bekam gerade noch das Zelt auf, da zerdrückte es mir schon die Eingeweide. Hinter mir vernahm ich Lachen, in mir eine kleine Erkenntnis und Harmonie: jene vom richtigen Druck im richtigen Augenblick.

Anmerkung: Michl Dacher starb 1994 daheim an Herzversagen.

Von Flugzeug zu Flugzeug

Manchmal dauert es nicht einmal ein Jahr, vielleicht gar nur einige Monate, daß ich die Gangway dort emporsteige, wo ich sie das letzte Mal verlassen habe. Mailand, München oder Frankfurt sind für mich zum Tor in die große Welt geworden, das ich ein- bis zweimal im Jahr betrete und das mich hinausbringt zu den Bergen der Welt. Abflüge und Ankünfte gehören zu den wichtigsten Daten im Kalender, an denen sich mein Leben orientiert. Dazwischen liegen Wochen der Planung, des Geldverdienens für Permit und Ticket, Abende ohne Ende und Zahl, an denen ich den Menschen meine Dias und Abenteuer zeige, und einförmige Tage, die ich stopfe mit Training und Unlust.

Diesen Halbkreis, abgesteckt durch das Ende einer Expedition und den Beginn einer neuen, diese zweite Dimension möchte ich hier beschreiben. Es werden keine Sensationen sein. Ich möchte erzählen, daß ich (manchmal) aufstehen, klettern, schlafen gehen kann, wann ich will, daß ich manchmal einen Heller mehr in der Tasche habe als durch meinen Lohnstreifen früher am Bau. Aber ich möchte auch erzählen, daß ich an den Bergen und durch die Berge ähnlich weit entfernt bin von der großen Freiheit und dem gefundenen Glück wie an der Stechuhr einer Fabrik.

Wieder daheim: Im monatelangen Abseits in den Eiswüsten des Himalaya sehne ich mich oft zurück an den Ort, von dem ich aufgebrochen bin. Dann fühle ich für kurze Zeit wieder etwas wie Heimat, bevor es mich dann rastlos wieder davonzieht.

Mit Gästen am Berg

Ich bin Bergführer, aus Überzeugung und Freude. Relativ früh schon habe ich meine Prüfung abgelegt und danach jahrelang in diesem Beruf gearbeitet.

Seit vielen Jahren bin ich Leiter der »Alpinschule Südtirol«, die vielen vielleicht noch bekannt ist als Alpinschule »Messner«, der sie gegründet hat. Soweit mir meine derzeitige Aktivität als Extrembergsteiger und Vortragsreisender Zeit läßt, übe ich diesen Beruf auch heute noch aus, nicht zuletzt, weil ich später einmal zu ihm als Hauptarbeit zurückkehren werde.

Nicht ganz leicht fällt mir jedesmal die Umstellung, wenn ich vom wochenlangen Zusammensein mit einem gleichwertigen Partner zurückgekehrt bin und plötzlich vor einer Gruppe Leute stehe, denen ich Grundkenntnisse im Klettern beibringen soll. Es kostet Geduld und Konzentration, sich hineinzuversetzen in die Unsicherheit und Hilflosigkeit, die die ersten Schritte dieser bergbegeisterten Menschen begleiten. Von der Verantwortung her ist diese Tätigkeit wohl nur mit der eines Chirurgen oder Piloten zu vergleichen, und ich bin stolz, daß unsere hochstehende Ausbildung junge Führer hervorbringt, unter deren Leitung kaum je ein Unfall passiert.

Ich habe mich auch stets bemüht, den Beruf des Bergführers vom Image her aufzuwerten, ihn herauszuheben aus jenem Dunstkreis zwischen Wilderer, Schmuggler und Almosenempfänger, in dem er sich früher einmal befand. In Südtirol haben wir seit einigen Jahren dieses Ziel erreicht, wenn auch schwarze Schafe noch immer auf unserer Weide grasen, wie folgender Fall zeigt:

Ich befand mich mit Gästen an den Cinque Torri, fünf beieinanderstehenden Kalktürmen in der Nähe von Cortina. Wir hatten eine Route mittlerer Schwierigkeit am Torre Grande, dem höchsten Felsquader, unternommen. Beim Abstieg wähle ich meistens nicht die normale Route, sondern eine lustige Variante, mit der Absicht, meinen Gästen auch bei der Rückkehr ein Erlebnis oder vielleicht etwas Nervenkitzel zu vermitteln.

Ich ging also mit dieser Absicht in Richtung der großen Schlucht, die den Felskörper des Torre Grande von oben bis unten durchreißt wie der Spalt eines zur Hälfte geteilten Holzklotzes. Ganz oben in der Schlucht liegt zwischen beiden Schluchtwänden ein zimmergroßer Klemmblock, der vom Gipfelplateau leicht zu erreichen ist. Auf diesem Block befindet sich ein Abseilstand, von dem es 50 Meter völlig freihängend in die Tiefe geht.

Als wir nun diesen Klemmblock erreicht hatten, sahen wir zu unserem Entsetzen, wie ein Bergführer zwischen verkrampften Fingern die letzten Zentimeter eines Seiles hielt, das straff gespannt in die Tiefe führte. Er hatte den Strick mit einer einfachen Schlinge im Karabiner des Abseilringes liegen, ohne jegliche Seilbremse, Halbmastwurf oder ähnlichem. Am unteren Ende des Seiles pendelte eine Frau, gute zehn Meter noch vom Erdboden entfernt. Wie lange die beiden schon in dieser Stellung gezittert haben mochten, konnten wir nicht feststellen, auf alle Fälle hatte der Bergführer einen viel zu kurzen Seilschwanz in den Händen, um noch irgendeinen Blockierungsknoten anzubringen oder sonstige Rettungsaktionen durchführen zu können. Es war also nur eine Frage von Minuten, bis die Frau samt dem (viel zu kurzen) 40-Meter-Seil in die Schlucht stürzen würde.

Blitzschnell brachte ich einen Prusikknoten am gespannten Seil an und fixierte die menschliche Last am Abseilring. Dann baute ich mit meinem Kletterseil eine Seilverlängerung, wobei mir der völlig geschockte »Kollege« in keiner Weise zu helfen imstande war, da er nicht die einfachsten Knoten beherrschte.

Am Abend auf der Hütte schlich er wie ein geprügelter Hund durch die Gasträume, und ich bin mir heute noch nicht sicher, ob er das internationale Bergführerabzeichen, das er auf dem Pullover trug, nicht etwa irgendwo gefunden hatte.

Werbung

Ein Leserbrief, veröffentlicht in der Zeitschrift »Bunte« Nr. 49/1986:

Messner versteht sein Geschäft. Offenbar versteht er auch das Geschäft der Public Relations. Er lichtet sich mit einer Coca-Cola-Dose auf Bergesgipfeln ab, besonders erwähnend, daß seine Bilder mit Kodakfilm gemacht wurden. Fehlt nur noch, daß er sich bei der Verwendung von »Popolux«-Toilettenpapier auf dem Dach der Welt zur Schau stellt. Alfred Knaus, München

Die Vorgeschichte:

Am 26. September 1986 erreichten Reinhold Messner, Friedl Mutschlechner und ich den Gipfel des Makalu (8481 m). Ich selbst hatte zur Teilfinanzierung dieser Expedition einen Werbevertrag mit Coca-Cola Italien abgeschlossen. Zu diesem Zweck machten wir ein Gipfelfoto, das zwei daunenvermummte Bergsteiger zeigt, von denen einer gerade aus einer Cola-Dose trinkt. Diese Aufnahme ging wie alle anderen

Ärger aus der Dose: Die Werbung spielt im Profibergsteigen eine entscheidende Rolle auf dem teuren Weg zu den hohen Bergen der Welt.

Filme aus Nepal direkt an die deutsche Illustrierte weiter, welche die Exklusivrechte für den Expeditionsbericht besaß. Bei derartigen Illustriertengeschichten ist es aus Zeitgründen üblich, daß die Bildauswahl einzig und allein bei der betreffenden Redaktion liegt, die Einflußnahme des Bildautors ist also gleich Null. Die »Bunte« brachte das erwähnte Foto (auf das sich der Leserbriefschreiber bezieht) doppelseitig in Farbe, was auch für Coca-Cola Deutschland nicht von Schaden gewesen sein dürfte. Abgesehen davon, daß der gesamte Inhalt der Dose damals am Gipfel zu Eis erstarrt gewesen war, habe ich auch von den Werbetantiemen, die mir für eine derartige Veröffentlichung in Deutschland wohl zugestanden hätten, niemals auch nur einen Knopf gesehen.

Meine Antwort, veröffentlicht in der Leserbriefspalte der Zeitschrift »Bunte«:

Erstens ist der Mann mit der Cola-Dose nicht Reinhold Messner, sondern ich selbst, und zweitens sehe ich die Werbung als ganz normales Geschäft. Wir werden nicht von Steuergeldern be-

zahlt, sondern müssen unsere Expeditionen selbst finanzieren. Ich bin auf einem kleinen Bergbauernhof in Südtirol geboren und habe keinen reichen Onkel in Amerika. Jeder Spitzensportler macht Werbung, um sich das nötige Geld zu besorgen. Herr Knaus, der Ihnen einen Leserbrief schrieb, glaubt aber immer noch, daß der Bergsteiger mit Liedersingen, Edelweißfesten und dem Finger im Mund leben kann.

Zuviel Raum vielleicht für einen Leserbriefkleckser, der, wie seine Argumentation vermuten läßt, wahrscheinlich nie etwas Steileres bestiegen hat als eine defekte Rolltreppe.

Symptomatisch aber, wie heute noch unterschieden wird zwischen Profisportlern als solchen und Bergsteigern im allgemeinen. Dabei ist die totale Vermarktung derselben (zumindest was den Höhenalpinismus betrifft) keine Gefahr, da das finanzstärkste Medium, das Fernsehen, auf absehbare Zeit nicht in der Lage sein wird, bei entscheidenden Szenen in extremen Höhen live dabeizusein.

Eine Expedition in den Himalaya kostete 1987 rund 20000 Mark (oder 14 Millionen Lire oder 140000 Schilling). Wer sich nun zum Ziel gesetzt hat, ein erfolgreicher Achttausender-Bergsteiger zu werden, muß entweder von vornherein begütert sein oder versuchen, auf zusätzlichen Wegen neben dem normalen Beruf Einkünfte zu erschließen. Das Hauptproblem beim Expeditionsbergsteigen ist die Zeit. Um an der internationalen Spitze mithalten zu können, ist es erforderlich, mindestens eine Expedition pro Jahr mitzumachen – und dabei noch erfolgreich zu sein. Gelingt das aus finanziellen Gründen nicht, ist man in der »Hitliste« bei Industrie und Publikum sofort weg vom Fenster.

Der Scheck des Sponsors bringt also für den Bergsteiger weder höhere Lebensqualität noch die Möglichkeit, eine auf Gütern beruhende Existenz aufzubauen, sondern ist gleichbedeutend mit geschenkter Zeit, mit Zeit, die man nicht mehr arbeiten muß für die Spesen der nächsten Fahrt.

Distanzen: 500 Kilometer zwischen zwei Diavorträgen

Ein Wort zu den Größenordnungen, die in der Alpinwerbung üblich sind. Ein kleines Lupfen des Deckels scheint mir deshalb wichtig, weil viele junge Karrierebergsteiger völlig falsche Hoffnungen in dieser Richtung hegen. Was mich betrifft, bin ich zur Zeit (1987) bei einem halben Dutzend Firmen werbemäßig unter Vertrag, einige andere liefern Ausrüstung und Dinge des täglichen Lebens ohne direkte Geldzuwendung. Die besten dieser Verträge (wobei hier Jahresabmachungen gemeint sind) belaufen sich auf den Wert eines Kleinwagens. Mit dieser Gebarung gehöre ich vielleicht zur Zeit zu den Topverdienern des Alpinismus in Europa, bin also noch Lichtjahre von Fußballspielern und Tennisassen entfernt.

Eine letzte Frage ist jene nach den moralischen Qualitäten eines Produktes, für das man den Schädel hinhält. Hier würde ich keine Hemmungen empfinden, mit »Popolux« aufzutreten, wohl aber mit einer Zigarette.

Angriffe in dieser Richtung kommen oft von Bergsteigern, die vor 30 und mehr Jahren in Asien unterwegs waren. Auch ihnen möchte ich empfehlen, etwas vorsichtiger zu sein mit ihren Aussagen. Abgesehen davon, daß damals nationale Expeditionen mit Steuergeldern unterwegs waren (während ich bisher jeden Dollar aus der freien Marktwirtschaft zusammengekratzt habe), halte ich es für sauberer, sogar für Präservative »keep smiling« zu spielen, als für politische Propaganda der zweifelhaften Art. So klang denn ein Leitspruch einer deutschen Himalaya-Expedition in den dreißiger Jahren: »Wir werden nicht eher ruhen, bis daß die Fahne mit dem Hakenkreuz auf dem Gipfel des Nanga Parbat steht!«

Vorträge

Eine meiner Einnahmequellen (neben der Arbeit als Bergführer und Skilehrer sowie Werbeverträgen mit der Industrie) sind Vorträge über meine Unternehmungen. Meist im Herbst und im Frühjahr ziehe ich mehrwöchige Vortragsreihen durch, bei denen ich praktisch jeden Abend an einem anderen Ort sein muß. Diese »Tourneen« werden von Sigi Pircher, meinem Freund und Manager, organisiert und führten mich bisher in vier europäische Länder. Die technische Ausrüstung, die ich dabei verwende, sind derzeit drei Diaprojektoren mit Überblendsteuerung, Stereoanlage plus Boxen und anderer Kleinkram im finanziellen Gegenwert eines Mittelklassewagens.

Der Herbst ist nun gerade die Zeit, wo ich meist eben von einer Auslandsbergfahrt zurück bin und es sich herrlich klettern ließe. Früher bin ich oft im Oktober oder November in berühmte Klettergebiete nach Frankreich oder Italien gefahren, wo die milde Sonne angenehme Tage verheißt, das Laub sich kunterbunt färbt und die Kletterrouten sich leeren vom Trubel des Sommers. Jetzt sitze ich in glühender Hitze im Wagen mit Zielpunkt Genua, oder ich peile in Schneematsch und Nebel Regensburg an. Fresse mich jeden Abend mit den Veranstaltern und Journalisten voll und saufe am nächsten Morgen kannenweise Kaffee, um die nächsten 500 Kilometer zu schaffen; dann Geräteaufbau, Autogrammstunde und so fort.

Währenddessen weiß ich sie alle in den Bergen, meine Freunde und Freundinnen, meine »Konkurrenten« aus der Bergsteigerclique und die schwarzbraunen Gemslein, die ich nicht nur zum Anschauen gerne habe.

Zum Abschluß eine lustige Geschichte: Auf der Fahrt zu einem Vortragsort in Deutschland (einem kleinen Dorf in der Nähe von Karlsruhe) muß ich aus geschäftlichen Gründen bei einer Bergsportfirma in München vorbeischauen. Als ich mich dabei am Kofferraum meines Wagens zu schaffen mache, merke ich zu meinem Entsetzen, daß ich die Diamagazine zu Hause in Südtirol vergessen habe. Hinein in den Wagen, Kufstein-Innsbruck, rauf auf den Brenner, drüben hinunter. Dann alles wieder retour. Abgekämpft und mit siedendem Kühler erreiche ich am Abend doch noch meinen Vortragssaal. Bei der ersten Pause der Aufführung kommt ein altes Mütterchen zu mir an die Projektoren, beklagt sich bitter und will ihr Eintrittsgeld zurück.

Wie es in ländlichen Gegenden oft üblich ist, hatte der Pfarrer beim Gottesdienst die wichtigen Ereignisse angekündigt, darunter auch meinen Vortrag. Das Mütterchen hatte den Pfarrer wohl nicht richtig verstanden und angenommen, es handele sich um eine religiöse Veranstaltung. Ich war ihr nicht böse und ließ ihr an der Abendkasse die fünf Mark zurückgeben. Ich hatte mich, wie für alle meine Anhänger, auch für sie beeilt.

Training

Manch einen Leser wird es interessieren, wie sich Profibergsteiger für ihre großen Unternehmen an den hohen Bergen der Welt vorbereiten. Auch mein Leben hat sich in den vergangenen Jahren in Richtung Full-time-Job mit dem Zentralthema Berg entwickelt, und deshalb glaube ich, dazu einige Informationen geben zu können.

Sehr vereinfacht ausgedrückt, lassen sich die drei großen Erscheinungsformen des Bergsteigens, die heute die Szene beherrschen, wie folgt vergleichen: Der Sportkletterer entspricht dem 100-Meter-Läufer, dem Sprinter, für den Beweglichkeit, Schnellkraft und Maximalkraft an erster Stelle stehen. Der Alpenbergsteiger gleicht dem Mittelstreckenläufer, dem 1500- oder 5000-Meter-Läufer, der kräftige Zwischenspurts mit Ausdauer kombinieren muß. Und schließlich der Himalayabergsteiger, der – ausgehend von einer gewissen Grundschnelligkeit – vor allem Kondition und große Bereitschaft, sich zu quälen, mitbringen sollte.

Diese Übersicht macht deutlich, wie verschieden inzwischen die Anforderungen geworden sind und daß sie sich nicht mehr unter einen Hut bringen lassen. Es erscheint daher vernünftig, sich frühzeitig klar zu werden, welchem Typus man von der körperlichen Konstitution und vor allem von der Neigung her entspricht (wenn man sich dem Leistungsbergsteigen widmen möchte). Dabei denke ich weniger an die absoluten Spitzenleistungen, die sich durch sportliche Selektion im Schulalter teil-

Training: spielerischer Balanceakt auf dem Seil eines Materialliftes

Durchstarten: Ausdauerläufe im Sommer und im Winter schaffen die Grundlage für große Unternehmungen.

weise programmieren lassen, als vielmehr an die Frustration und Enttäuschung, die ein leistungswilliger Sportler erlebt, wenn er die für ihn falsche Sportart gewählt hat.

Ich kann mich gut an einen Freund erinnern, der seine ganze Jugend investiert hat, um als Torwart im Fußball etwas zu werden. Zu klein gewachsen, zu schwer gebaut, fielen ihm dabei nicht einmal die mittelmäßigen Erfolge zu, die einem Amateursportler seinen Aufwand an Zeit und Energie bereits entgelten. Solche Geschichten sind, glaube ich, kleine Tragödien und im Alpinismus insofern problematischer, weil manche Leute das fehlende Talent durch Risiko zu kompensieren versuchen.

Nach dieser persönlichen Empfehlung nun ein kleiner Rückblick, wie es sich bei mir zugetragen hat.

Mein Vater war ein hagerer, relativ kleiner Mann, auch meine Mutter war von zarter körperlicher Gestalt. Dieses Merkmal habe ich ebenso wie meine Geschwister (zwei Brüder und drei Schwestern) von den Eltern geerbt. Da die Relation Körpergewicht zu Körpergröße gerade beim Bergsteigen eine große Rolle spielt, scheint mir diese Feststellung doch erwähnenswert. Ich messe 174 Zentimeter bei einem ziemlich konstanten Gewicht von 63 Kilogramm.

Bis Ende der sechziger Jahre (ich bin 1956 geboren) gab es auf einem Bergbauernhof in Südtirol in der Regel mehr Not als Üppigkeit, und die langen Fußwege bergauf und bergab, welche die harte Arbeit mit sich brachten, sorgten dafür, daß schon in frühester Jugend eine Prägung in Richtung körperlicher Ausdauer erfolgte. Mit 17 Jahren schloß ich mich dem örtlichen Sportverein an, der in meinem Heimatdorf Ahornach eine recht erfolgreiche Sektion »Berglauf« unterhielt. Es war eine der wenigen Sportarten, die man auf den schrägen Berghängen, wo der Stubenboden der einzig ebene Fleck ist, betreiben konnte.

Berglaufen erlebte damals international einen großen Aufschwung und fand auf den Sportseiten der Medien, anders als heute, erheblichen Niederschlag. Wir fuhren also Sonntag für Sonntag zu Rennen in ganz Südtirol und mit zunehmender Erfahrung auch zu überregionalen Veranstaltungen. Ich brachte es dabei zu einem Platz unter den besten Läufern meiner Klasse. Daß solch ein Sport einer der härtesten ist, die es gibt, kann sich wohl auch der Leser ausmalen. Nach einem Massenstart ging es meist 500 bis 600 Höhenmeter steil bergauf, wonach man je nach Streckenführung entweder das Ziel oder einen Wendepunkt erreichte, ab dem dann noch ein Stück talwärts zurückzulegen war. Gerade wegen dieser Abwärtsstrekken, die mit hohem Verletzungsrisiko und Schädigung der Kniegelenke verbunden sind, habe ich das wettkampfmäßige Berglaufen nach sechsjähriger Aktivität aufgegeben.

Heute, im Rückblick, weiß ich, daß diese Wettkämpfe, verbunden mit einem harten Training, mitentscheidend waren für die Ausbildung eines leistungsfähigen Kreislaufes. Gezielte Belastungen, die auf einen Organismus vor Abschluß des Wachstums einwirken, lenken stärker als in späteren Jahren die Entwicklung der Organe in eine entsprechende Richtung und befähigen in erhöhtem Ausmaß zu spezifischen Leistungen. Berglaufen, also nur bergauf, halte ich auch heute noch für das beste Kreislauftraining überhaupt. Es bringt hohe Belastung, fördert das Rhythmusgefühl und die Krafteinteilung und erleichtert, da es in der freien Natur erfolgt, die Trainingsmotivation im Gegensatz zum stupiden Rundendrehen auf der Bahn. Eine harte und beliebte Teststrecke ist für mich seit Jahren die »Belaufung« des Moosstocks (3061 m), über meinem Heimatdorf. Bis 300 Höhenmeter unter den Gipfel führt ein schmales Steiglein, der oberste Teil geht über leichtes Blockgelände. Wenn ich gut in Form bin, schaffe ich diese 1630 Höhenmeter in einer Stunde und acht Minuten. Herunterwärts lasse ich mir viel Zeit, um, wie gesagt, die Gelenke zu schonen.

Damit bin ich auch schon mittendrin in der Schilderung jener Aktivitäten, die heute den Hauptteil meines Trainings ausmachen. Das Laufen und das Konditionstraining im allgemeinen (das ich durch Skitouren und harte »Ritte« mit dem Mountain Bike ergänze) sind abgestimmt auf meine Gegenwart und Zukunft als Höhenbergsteiger. Ich klettere zwar auch noch viel und habe mir unweit meines Hauses einen abgeschiedenen, sozusagen privaten Klettergarten eingerichtet, empfinde aber keine Ambitionen mehr, im Felsklettern zur Spitze zu gehören. Mit konstantem, nicht forciertem Kraft- und Fingertraining bin ich in der Lage, das Niveau des VIII. Grades zu halten, was mir in den Alpen und an den Achttausendern völlig genügt. Noch höhere Leistungen im Fels sind nur mit gezieltem Muskelaufbau, also unerwünschtem Gewichtszuwachs, und einem für mich zwischen den anderen Verpflichtungen nicht mehr zu realisierenden Zeitaufwand zu erreichen.

Zurück also zum Ausdauertraining und damit zu einigen Gedanken über die Frequenz der Übungen. Wer sich zum ersten Mal mit Konditionstraining beschäftigt, sollte an einem geregelten, periodischen, aber nicht zu harten Übungsprogramm festhalten. Nach Jahren, wenn man sich selber kennt und auch ohne Uhr spürt, wie schnell man ist, kann man die fixe Regelung der Trainingseinheiten verlassen und dafür nach innen »in den Körper horchen«. Ich trainiere heute so, daß in erster Linie die Lust und die allgemeine Tagesverfassung entscheiden, ob ich mich quälen soll oder nicht. Ein präzises »Formgefühl« steuert längst meine Aktivitäten, so daß am Ende eines Monates genau die Dosis an Training herauskommt, die ich brauche, um meine Form zu halten, oder – vor einer Expedition – zu verbessern.

Durch dieses jahrelange Programm habe ich heute einen Ruhepuls von etwa 45 Herzschlägen pro Minute erreicht, bei einem Blutdruck von 115 zu 75. Nach der Überschreitung der beiden Gasherbrum-Gipfel, die leistungsmäßig einen meiner Höhepunkte darstellt, hatte ich sogar Pulswerte von unter 40 pro Minute. (Zum Vergleich: der Radprofi Eddy Merckx hatte etwa 36.) Eine derartige Forderung des Körpers ist zwar nicht schädlich, verlangt aber ein permanentes Weitertrainieren, um den Motor nicht aus dem »runden Lauf« zu bringen. Meistens, wenn ich aus der dünnen Luft und der Anstrengung an den Achttausendern nach Hause zurückkam, hatte ich anfänglich leichte Herzrhythmusstörungen (wie sie auch in der Sportmedizin beschrieben werden), vergleichbar etwa mit dem Formel-1-Rennwagen, den man mit sechzig Stundenkilometern nicht im fünften Gang fahren kann. Durch ein leichtes »Aufbautraining« konnte ich diese Übergangserscheinungen in den Griff bekommen.

Neben dem Konditionstraining ist es für einen Höhenbergsteiger, und an diesen richten sich in erster Linie meine Ausführungen, von großer Bedeutung, auch die anderen Anforderungen, die eine schwierige Route stellt, zu berücksichtigen. Gerade an den Achttausendern werden heute ebenso schwierige Wände geklettert wie noch vor wenigen Jahren in den Alpen, und der VI. Grad ist schon mehrfach erreicht worden. In diesem Sinne ist auch das reine Kletterkönnen von entscheidender Bedeutung, und zwar nicht nur zur Überwindung einzelner Stellen, sondern vor allem, um lange Strecken in mittelschwerem Gelände schnell überwinden zu können. Die sicherungsfreie, schnelle Begehung langer kombinierter Passagen im III. und IV. Schwierigkeitsgrad ist der Schlüssel der meisten Himalayawände.

Die Routine hierfür hole ich mir in den Westalpen. Wände wie der Walkerpfeiler oder die Les-Droites-Nordwand waren für mich die großen Jugendträume, heute sind sie Durchgangsstationen, fast nur noch Trainingsziele für die großen Unternehmungen im Himalaya. Das klingt vielleicht überheblich, ist aber Tatsache und in erster Linie durch Zeitmangel zu erklären. Ich bin einfach gezwungen, meine Alpenziele nicht mehr nach Lust und Laune auszuwählen, sondern auch danach, ob sie in das Aufbauprogramm passen und trainingsmäßig etwas »bringen«. Daß diese Entwicklung einen schmerzlichen Verlust bedeutet an Begeisterung, jugendlicher Romantik und Erlebnisinhalten, kann ich nicht leugnen.

Mit der Überleitung zu den Alpenwänden bin ich bei der dritten wichtigen, oft vernachlässigten Disziplin des Trainings angelangt: der Psyche. Der Trend zur absoluten Sicherheit im heutigen Bergsteigen (vor allem Bouldern, Sportklettern) vernebelt die Realität an den großen Wänden. Der Entwicklung von Multisturzseilen, verbesserten Bohrhaken und so weiter sowie deren Anwendung in den Alpen geht im Himalaya die gegenteilige Entwicklung parallel: größere Schnelligkeit durch noch weniger Sichern, noch längere Passagen frei, noch weniger Fixseile. Das wiederum ist nur zu bewältigen, wenn man ausgerüstet ist mit dem, was von den Bergsteigern gemeinhin als »psychische Härte«, Moral oder so ähnlich bezeichnet wird. Diese alpinistische Qualität scheint mir zwar mehr als alles andere von vornherein festgeschrieben, ein nur mäßig verrückbarer Bestandteil von Persönlichkeit und Charakter. Aber auch sie läßt sich trainieren. Über westalpine Touren, brüchige Wände und Alleinbegehungen kann man die Selbsteinschätzung und die psychische Stabilität schärfen, ohne die im Hö-

Im Kameradenkreis nach einer Bergrettungsübung

henbergsteigen nicht nur der Erfolg, sondern oft auch die Rückkehr unmöglich ist.

Wenn ich diese Passage des Buches fertig habe, wird es später Nachmittag sein und immer noch heiß. Ich werde Trainingshose und Laufschuhe anziehen und hinüberlaufen nach Pojen, dem höchstgelegenen Weiler der Umgebung. Die Strecke führt an einer Raststation vorbei, wo um diese Zeit meistens Freunde und Kollegen auf der Terrasse beim Bier sitzen. Mit ausgeborgter Überwindung werde ich mich an dem allgemeinen Hallo und Allotria vorbeiquälen, das anhebt, wenn sie mich sehen. In diesen Minuten bin ich nicht mehr der Mann mit den vielen Achttausendern oder der »Held« der Illustriertenstory, sondern ein schwitzender, stinkender Idiot. Aber wenn ich an die nächste Expedition denke, an den einen Tag zwischen 7000 und 8000 Metern, der dich aufreibt, aushöhlt, zerstört, dann treibt mich heute schon Angst.

Mit dem Einsatz von Hubschraubern wird die Bergung häufig erleichtert. Nicht selten kommt jedoch jede Hilfe zu spät.

Zwischen Flucht und Hoffnung

Es ist ein wunderschöner Sonntagnachmittag im August. Die Hundstage bringen drückende Schwüle und manchmal ein kleines Gewitter. Ich sitze mit Freunden im Gastgarten des Gasthofes »Sonne« in Sand in Taufers und genieße mein großes Helles. Einen Tag in der Woche versuche ich mir zwischen den Bergführungen freizuhalten, um nicht zur Maschine zu werden. Da stürzt Erich, der Wirt, an unseren Tisch und bringt die Meldung: »Einsatz!« Zusammen mit zwei Kollegen aus unserer Runde, die so wie ich der örtlichen Bergwacht angehören, lassen wir alles stehen und eilen in unsere Einsatzzentrale, wo bereits Kameraden dabei sind, alles Nötige für den Bergrettungseinsatz zusammenzupacken. Dann geht es mit dem Einsatzwagen ab zum Landeplatz des Hubschraubers. Tausend Handgriffe laufen ab wie schon oft geübt, nur das Nötigste wird gesprochen.

Taggattaggattagg – der Hubschrauber zieht in das Tal hinein, dürres Gras steigt auf, Haare fliegen, der Rotor trommelt einen Krawall der Hoffnung in den nahen Berghang, von dem er zurückgeworfen wird über den ganzen Talkessel. Vinzenz, unser bärtiger Bergwachtboß, und ich zwängen uns in die vibrierende Kiste, dann geht es mit voller Kraft hinauf in den blauen Himmel.

»Absturz vom Gipfel des Hochflachkofel in den Rieserfernern«, lautet die Information, die in der Funkzentrale eingegangen ist. Dieser Berg ist ein niedriger Dreitausender im Zentrum der Gruppe und leicht zu ersteigen. Da auch die Gipfelkuppe flach und eben ist, bleibt zunächst unklar, wo das Unglück geschehen sein könnte. Unsere Maschine gewinnt schnell Höhe und wird zunehmend von Turbulenzen gebeutelt, die ein nahendes Gewitter verkünden. Beim dritten Rundflug um den Gipfel entdecken wir dann, was wir suchen; etwa 300 Meter unterhalb des Gipfels, am Fuß der Südwand, liegt ein Bündel aus Kleidern und Blut, dem man kaum mehr ansieht, daß es ein Mensch gewesen ist. Landen ist unmöglich, mit der Winde läßt sich Vinzenz aus der wie ein Falke reglos rüttelnden Maschine hinunter in die Wand. Ich sehe aus dem zum Bersten zitternden Hubschrauber, wie mein Freund die Lippen zusammenpreßt und den grausigen Batzen Fleisch in das Rettungsnetz packt. Kein langer Röhrenknochen ist mehr ganz, grotesk verwickelt und verschoben alle Extremitäten. Ich kann nicht erkennen, ob es sich um eine Frau oder einen Mann handelt, es fehlt der halbe Kopf. Langsam zieht die Winde an, ich habe Angst um Vinzenz, der ohne Deckung auf einem Vorsprung steht, um den von Lärm und Luftwirbel gelöste Steine zischen. Wenige Sekunden, bevor ich an der geöffneten Helikoptertür den Leichnam von der Winde in die Kanzel ziehen kann, löst sich etwas Fingergroßes von diesem und fällt hinunter zu Vinzenz. Es ist ein Auge, und mir dreht es fast den Magen um. Dann geht die Winde nach unten, und mein Kamerad hängt sich ein. Augenblicke später pressen wir uns in der Glaskuppel zwischen Nottrage, Seilen und Blut in einen Winkel, der Pilot läßt die Maschine nach außen kippen, und mit aufheulender Turbine tauchen wir hinein in das Gegenlicht des Antholzer Tales.

Ein Einsatz, einer von vielen, die ich in den letzten zehn Jahren mitgemacht habe. Nicht immer war der Ausgang so tragisch, manchmal konnten wir auch halbverlöschtes Leben retten, und dann war ich froh, als kleines Rädchen der ganzen rettenden Kette dazu beigetragen zu haben.

Aber es ist nicht leicht, am Montag danach wieder beruflich in die Berge zu gehen, alle Ereignisse, Erinnerungen und Dämonen abzulegen wie eine Ringelnatter ihre Haut. Oder schwierigste Touren mit einem Freund zu klettern, wenn du in jeder Maserung des Steins oder dem Mosaik der Wolken ein zerschlagenes Gesicht, einen weinenden Menschen siehst.

G.B. Vinatzer, einer der besten Felskletterer der vierziger Jahre in den Alpen, war ebenfalls Bergrettungsmann und nahm teil an vielen Bergungen, ist aber, wie mir erzählt wurde, nie direkt hingegangen zu Abgestürzten und Verletzten. Er wollte sich sein Spitzenniveau als Kletterer nicht ruinieren. Ich kann ihn verstehen. Auch mir war mehr als einmal zum Davonlaufen zumute. Nicht verstehen kann ich die große teilnahmslose Masse von Menschen, die es als selbstverständlich empfindet, daß es Retter am Berg, Betreuer von Behinderten und Pfleger in Altersheimen gibt. Und die sich darüber entrüsten, daß die Armbanduhr eines Verletzten bei der Bergung verlorengeht, wie vor einem Monat bei uns passiert.

Makalu 1986

Von Friedl Mutschlechner

Seit 1984 bin ich nicht mehr auf Expeditionen gewesen. Nicht etwa, weil der Erfolg ausgeblieben ist. Nein, es gibt genug andere Gründe, zu Hause zu bleiben. Vor allem wünscht sich meine Frau, ein oder zwei Jahre keine großen Ängste aushalten zu müssen. Unser Sohn René weiß ebenfalls um die Gefahren und Risiken bei einer Expedition. Die ständige Ungewißheit und die verdrehten Nachrichten in Presse und Rundfunk haben sie schon des öfteren an die Grenzen des Erträglichen gebracht. 1982 sind Reinhold und ich als vermißt gemeldet worden. Die Polizei hat meine Frau aufgesucht und ihr unmißverständliche Fragen gestellt. Es muß schrecklich gewesen sein für sie.

Meine Familie kennt den Himalaya nur von Erzählungen und Büchern, und da ist meistens nur die Rede von Sturm, Kälte und Schnee, Lawinen – und Tod. Wenn auch in den Expeditionsberichten oft dramatisiert wird, so ist es kaum möglich, erlebte Grenzsituationen richtig zu beschreiben. Manchmal sind es nur Augenblicke, die entscheiden, ob man überlebt oder stirbt. Und gerade diese Sekundenbruchteile sind es, die einen ein Leben lang begleiten und sicher auch formen. Alles andere, was eine Expedition mit sich bringt – Erlebnisse, Begegnungen, Eindrücke –, ist sehr bald nur noch Erinnerung.

Für mich bedeutet Expedition nicht allein die Besteigung eines Berges, das ist nur ein Teil davon. Das Unternehmen beginnt schon viel früher, bei der Planung und Vorbereitung. Je näher der Abreisetermin heranrückt, desto mehr steigt die

Spannung zu Hause. Die letzten Tage sind nur noch Quälerei. Wenn man dann endlich im Flugzeug sitzt, ist der Trennungsschmerz überwunden, und es kommt freudige Erwartung auf. Etwas besorgt denkt man noch, hoffentlich ist nichts Wichtiges vergessen worden. Dann Ankunft in einem neuen Land, Verhandeln mit den Behörden, Begegnungen mit anderen Menschen, Besichtigung ihrer Kulturdenkmäler und schließlich Anmarsch zum Berg, währenddessen man die beste Möglichkeit hat, mit den Eingeborenen zusammenzusein und sie und ihre Lebensart kennenzulernen. Im Basislager angekommen, ist das Ziel schon näher gerückt, ja man hat es direkt vor Augen – und ist überwältigt.

Ob man sich da nicht zuviel vorgenommen hat? Einige haben Erfolg gehabt, und viele müssen – aus welchem Grund auch immer – unverrichteter Dinge heimfahren. In so einem Basislager spiegelt sich die ganze Gefühlsskala in den Gesichtern der Teilnehmer wider, wenn eine schwierige Entscheidung zu treffen ist.

Nach Erfolg oder Abbruch einer Expedition die Rückkehr in die Zivilisation. Ich habe noch niemanden gesehen, der sich dabei Zeit gelassen hätte. Jeder läuft, so schnell er kann. Auch mir geht es jedesmal so. Man möchte so schnell wie möglich zu Hause sein. Oft werde ich gefragt, warum ich denn immer wieder wegfahre, wenn ich und meine Familie so sehr darunter leiden. Weil das Heimkommen eben so schön ist ...

Bevor sich aber dieser Kreis schließt, hat man schon wieder neue Pläne im Hinterkopf. Es geht gar nicht anders, solange man aktiver Bergsteiger sein will. Bei jeder Rückkehr von einer großen Fahrt wird man von den Medien befragt, wobei eigentlich das nächste Ziel bereits wichtiger scheint als der eben erst erzielte Erfolg, den man noch gar nicht hat auskosten können.

Lange schon ist es mein größter Wunsch, mit Hans auf einem Achttausender zu stehen. Nach meinen Erfrierungen am Kangchendzönga und den folgenden Amputationen an der rechten Hand hat er mich immer wieder dazu ermuntert, wei-

Spiel des Windes: Gebetsfahnen am Fuß der Westwand des 8481 Meter hohen Makalu (vorige Doppelseite)

Schwere Last: Ohne die einheimischen Träger wären die meisten Expeditionen nicht möglich.

terzumachen. Mit ihm habe ich viele Wände durchstiegen, wodurch ich wieder Selbstvertrauen und Sicherheit bekommen habe, und der Gedanke an eine Expedition ist mir nicht mehr so abwegig vorgekommen.

Die Gelegenheit läßt nicht lange auf sich warten. Reinhold lädt uns zur Winterbesteigung des Makalu, 8481 Meter, ein. Ich habe es mir lange und gut überlegt. Die Angst vor neuen Erfrierungen, den gewaltigen Stürmen, die im Winter alles hinunterfegen, was dagegen ankämpft. Im letzten Moment habe ich – meine Grenzen erkennend – schweren Herzens abgesagt.

»Der Berg gleicht einer riesigen Dampflok«, schreibt mir Hans Mitte Jänner aus dem Basislager vom Makalu. Die Chancen, auf den Gipfel zu kommen, seien gleich Null. Anfang Februar sind sie dann erfolglos nach Hause gekommen.

Des einen Leid ist des anderen Freud. Die Einladung an mich bleibt aufrecht, und die zweite Expedition zum Makalu ist schon spruchreif. Das nationale Fernsehen RAI und Trekking International aus Mailand finanzieren das Unternehmen. Nachdem also auch ein Aufnahmeteam für das Fernsehen dabeisein

wird und deshalb auch die größtmögliche Sicherheit gewährleistet sein muß, werde ich als Bergführer verpflichtet und bekomme dafür noch ein Honorar. Reinhold hat das so vereinbart. Dafür steht in der Zeitung zu lesen, die Teilnehmer müssen sich mit großen Summen in die Expedition einkaufen. Neider können es eben nicht lassen, Gerüchte zu verbreiten, daß es nur so rauscht im Blätterwald. Wer einmal bei einer Expedition dabeigewesen ist oder auch nur eine größere Auslandsbergfahrt unternommen hat, weiß, welch hohe Kosten damit verbunden sind, die man kaum aus eigener Tasche bezahlen kann.

Im August 1986 soll also mein Wunsch in Erfüllung gehen. Hans und ich haben das Glück und die Chance, zum Makalu zu fahren. In Kathmandu treffen wir uns mit Reinhold und Sabine, die mehrere Monate durch Tibet gezogen sind, und gemeinsam verlassen wir die Stadt. Mit einer kleinen Propellermaschine – sprich Klappermühle – fliegen wir in Richtung Tumlingtar, dem Ausgangspunkt für die Achttausender-Expeditionen im Osten Nepals. Es wird nur auf Sicht geflogen, und die ist äußerst schlecht. Plötzlich zieht der Pilot eine große

Schleife, es geht wieder zurück in die Hauptstadt in der Hoffnung, daß das Wetter sich bessert.

Wir werden nicht enttäuscht. Am nächsten Tag werden wir von unseren Trägern in Tumlingtar erwartet. Auf die erste Tagesetappe in brütender Hitze folgen zehn Tage Regen. Glitschige Steine, nasse Kleider, feuchte Schlafsäcke sind nicht die schlimmsten Begleiterscheinungen. Die größte Plage sind die Blutegel. Überall lauern sie auf ihre Opfer; sie kriechen durch die Schuhösen, lassen sich von den Bäumen auf uns niederfallen und saugen sich irgendwo am Körper fest, bis sie fingerdick sind. Trotz größter Sorgfalt gelingt es uns nicht, mit heiler Haut davonzukommen. Abends am Lagerplatz, wenn wir uns waschen und die zerdrückten Würmer aus den blutigen Kleidern schütteln, zählen wir die »Einschüsse«. So nennen wir inzwischen die Wunden. Da ist jeder stolz darauf, so wenig wie möglich abbekommen zu haben. Brigitte, die Freundin von Hans, kann sich nichts Schlimmeres vorstellen, als am nächsten Tag alles noch einmal durchmachen zu müssen.

Freund und Lehrmeister: Friedl Mutschlechner (links)

Verglast: Aufstieg durch eine steile Blankeiswand zum Makalu La (7400 m)

Von Num, einem kleinen Dorf, steigen wir weit hinunter in ein Tal, überqueren dort auf einer Hängebrücke den reißenden Arun-Fluß, um auf der anderen Seite wieder den Berg steil hinaufzusteigen. Die Gegend ist abgelegen und sehr wenig besucht, ganz im Gegensatz zum Kahli Gandaki, wo inzwischen Tausende von Touristen unterwegs sind. Dort schreien einem die Kinder nach: »Neckermann, Neckermann ...«, worüber wir das erste Mal herzlich gelacht haben. In der letzten Siedlung bringt man unserem Arzt einen Mann, der von einem Büffel fürchterlich zugerichtet worden ist; die Wunden sind schon ganz schwarz, der Alte besteht nur noch aus Haut und Knochen. Schlimmer als dieser Anblick ist aber die Hoffnungslosigkeit, mit der wir ihn zurücklassen müssen.

Weiter geht es steil hinauf bis zum Shipton La, einem Paß auf 4200 Meter Höhe. Unter uns wälzt sich der gewaltige Barun-Fluß talauswärts. Wir queren die gefährlichen Moränenhänge und erreichen den Platz, wo Reinhold und Hans im Winter ihr Basislager aufgeschlagen hatten. Da – der Nebel wird durchsichtiger, und plötzlich steht der Makalu mit seiner gewaltigen

Über Grate und verschneite Platten: Reinhold Messner wenige Meter vor dem höchsten Punkt des Makalu

Südwand vor uns. Nach soviel Regen jetzt dieser Anblick! Ringsherum wunderschöne unbestiegene Gipfel. Unser Camp schlagen wir auf 5400 Meter Höhe auf. Sobald die Träger ihren Lohn haben, eilen sie zurück in ihre Dörfer, um sich für die nächste Expedition anheuern zu lassen.

Für uns gibt es jetzt viel Arbeit, bis das Hauptlager steht. Jeder sucht sich einen ebenen Platz für sein Zelt, das man zu zweit bewohnt. Wolfi, der Kameramann, zieht zu mir. Wir kennen uns schon lange, aber miteinander am Berg sind wir zum ersten Mal. Beim Anmarsch hat er mir oft stundenlang von seiner Grönlandexpedition erzählt. Drei Monate lang einen endlosen Gletscher überqueren, Essen, Kleider, Zelte in einem Schlitten hinter sich herziehend. Die Fragwürdigkeit des Unternehmens,

die sich bald herauskristallisiert hat, und folglich das gespannte Verhältnis zu seinem Begleiter haben ihn an den Rand der Verzweiflung gebracht. Es ist noch alles gut ausgegangen, und er möchte dieses Abenteuer trotz allem nicht missen.

Es folgen einige Tage der Ruhe, damit sich der Körper an die sauerstoffarme Luft anpassen kann. Abwarten, bis man richtig akklimatisiert ist, gehört auch zur Kunst des Höhenbergsteigens.

Hans sitzt oft stundenlang vor seinem Zelt und betrachtet die Westwand. Ich glaube zu spüren, wie er nach Linien sucht, die auf den Gipfel führen. Im unteren Teil lösen sich immer wieder Lawinen. Da müßte man schnell sein, meint er. Ja, schnell und sicher, das ist seine Devise. Bei den vielen Touren, die ich mit ihm unternommen habe, habe ich ihn noch nie an seiner Leistungsgrenze erlebt. Betrachtet man die Liste der Höhenbergsteiger nach Erfolgen, findet man ihn ganz vorne.

Renato Moro ist unser Expeditionsleiter und auch verantwortlich für die Filmaufnahmen. Er arbeitet mit viel Umsicht und Geduld. Seppi, ein Bergführer aus Alagna, ist seine rechte Hand. Fernando bedient das Funkgerät; jeden Abend pünktlich um 17 Uhr werden Neuigkeiten mit Kathmandu ausgetauscht. Darauf folgt unsere Freizeitbeschäftigung: »Guggile-Watten«, ein Kartenspiel, das in Südtirol sehr verbreitet ist. Wenn Hans wieder einmal gewinnt, tröstet er seine Gegner: »Macht euch nichts draus, in Afrika gibt es ganze Stämme, die nicht Watten können ...«

Vor dem Abendessen leiste ich mir noch einen Luxus. In der Sherpa-Küche darf ich mir am offenen Feuer die Füße wärmen. Einige unserer Hochträger kenne ich von früher, und in einem eigenartigen Sprachengemisch von Englisch und Nepali werden Erinnerungen wachgerufen und lustige Geschichten erzählt, aber auch von Begebenheiten bei Expeditionen, die uns »Zivilisierten« aus dem Westen nicht zur Ehre gereichen. Ich habe viel über das Leben der Sherpa erfahren, über ihre Religion, ihren tiefen Glauben, daß es mich oft beschämt, wie oberflächlich wir im Grunde sind.

Anfang September ist es soweit. Reinhold, Hans, Wolfi und ich gehen etwas spät vom Basislager los. Alle verfügbaren Sherpas folgen uns mit schweren Lasten. Sobald die Sonne etwas höher steht, will Wolfi mit seiner Filmarbeit beginnen. Eine Einstellung von dieser, dann von jener Seite, dann wieder von vorne – die ständigen Pausen bringen jeden aus seinem Rhythmus. Der Schnee ist inzwischen weich geworden, und die Hochträger versinken bis zum Bauch. Wir haben es da bedeutend leichter mit den Skiern an den Füßen. Aber so geht es nicht weiter. Wir ärgern uns über Reinhold, der weit voraus ist, wo wir nun die Zelte hier aufstellen müssen.

Am Ziel: Reinhold Messner und Friedl Mutschlechner am Gipfel des Makalu

Tags darauf brechen wir sehr früh auf und können auf 6800 Meter unser erstes Hochlager aufstellen. Das Wetter ist gut, und wir genießen nach getaner Arbeit den Blick zum Lhotse und Everest. Bevor die Sonne hinterm Baruntse verschwindet, kriechen wir in die Zelte. Am nächsten Morgen bringen Hans und Reinhold mit zwei Sherpas Zelte und Seile bis auf 7000 Meter Höhe, während ich mit Wolfi zurückbleibe. Beim gemeinsamen Abstieg ins Basislager begegnen wir unseren Freunden, die uns bei der Schwerarbeit ablösen sollen. Sie beklagen sich über die zu große Entfernung vom Basislager zum ersten Hochlager, die immerhin 1400 Meter Höhenunterschied aufweist. Wir besprechen das Wichtigste und fahren dann mit den Skiern in großen Schwüngen ab und deponieren sie vor einer Gletschermoräne. Zu Fuß erreichen wir das Hauptlager und freuen uns auf ein warmes Essen, auf Post von daheim.

Unsere Gefährten kommen unverrichteter Dinge zurück, und so brechen Hans und Reinhold auf, um unseren Weg weiter zu versichern. Der über Nacht gefallene Schnee behindert sie ungemein. Ich bin dem Wolfi als Assistent zugeteilt und wühle durch den Neuschnee wie ein Maulwurf. Auf 7500 Meter – das Gelände wird etwas flach – errichten wir das zweite Lager und verbringen dort die Nacht. Wieder absteigen, neue Kräfte zu sammeln – der Verschleiß ist enorm. Beim nächsten Aufstieg ist das Zelt verschwunden. Vom Sturm zerfetzt oder tief unterm Schnee begraben? Jedenfalls ist nicht die leiseste Spur davon zu entdecken. So beginnen wir, mit Pickel und Skistöcken fieberhaft zu suchen, systematisch wie eine Rettungsmannschaft an einem Lawinenkegel. Wir müssen es finden, sonst geht unser ganzer Plan drunter und drüber. Und da – Hans schreit vor Freude auf. Vorsichtig schaufeln wir das Zelt aus; zum Glück sind nur einige Verstrebungen gerissen, die wir, so gut es eben geht, reparieren. So können wir die Nacht halbwegs gut überstehen und brechen erst auf, als die Sonne auf unser Lager scheint. Es fällt mir immer so schwer, aus dem warmen Schlafsack zu kriechen. Das Anziehen ist so anstrengend, und es braucht viel Zeit und Sorgfalt, bis man fertig zum Aufstieg ist.

Zunächst geht es leicht ansteigend nach oben, dann erreichen wir über eine steile Flanke auf 7800 Meter Höhe einen idealen Platz für unser Biwak. Ich habe heute nicht meinen besten Tag, deshalb verkrieche ich mich ins Zelt und falle sofort in einen tiefen Schlaf. Es ist noch hell, als ich aufwache, und im ersten Moment glaube ich, es sei schon Morgen. In Wirklichkeit ist erst eine halbe Stunde vergangen. Unruhig wälze ich mich von einer Seite auf die andere. Ich spüre, wie die Kälte durch die dünne Isoliermatte bis in die Knochen dringt. Nein, angenehm sind die Nächte in solchen Höhen wohl nie.

Beim Morgengrauen beginnen wir, für den Tee Schnee zu schmelzen, den wir uns schon griffbereit am Abend vor dem Zelteingang hergerichtet haben. Es geht nur sehr langsam, so daß es schon vorkommt, daß man inzwischen wieder kurz einschläft. Wehe, man macht eine falsche Bewegung, und der Topf voll Wasser kippt um. Im Nu hat man im Zelt einen überdachten Eisplatz.

Reinhold und Hans verlassen schon das Zelt, während ich

noch drin herumhantiere. Alles geschieht wie in Zeitlupe. Bei meinen ersten Schritten schon merke ich, wie schwach und ausgelaugt ich bin. Ich möchte den Spuren meiner Freunde folgen, aber daraus wird nichts. Eine kurze Strecke schaffe ich mit äußerster Willenskraft, dann gebe ich auf. Ich spüre eine Leere in mir wie noch nie. Hans und Reinhold rufe ich noch alles Gute zu und steige wieder ab.

Schlechte Schneeverhältnisse zwingen wenig später auch Hans und Reinhold, diesen Versuch, den wir gemeinsam begonnen hatten, abzubrechen. Sie kommen zurück zu mir ins Höhenlager III, wo ich gewartet hatte, und zusammen gehen wir hinunter ins Basislager im Tal.

Dort sind inzwischen mehrere Expeditionen eingetroffen. Koreaner, die angeblich von ihrem Leiter geprügelt werden, wenn sie sich nicht gut aufführen; Israelis, von denen ein Teil nie vorher einen Berg bestiegen hat, die sich bei uns erkundigen, wo denn »ihr Makalu« stehe; Franzosen und Polen. Bei letzteren haben sich die beiden Schweizer Marcel Rüedi und Dr. Oswald Oelz eingekauft. Mit Wielicki sind sie zwei Tage nach ihrer Ankunft eingestiegen, nach dem ersten Biwak auf unsere Route gequert und an unseren Fixseilen bis zu Makalu La aufgestiegen. Dr. Oelz, von uns »Bulle« genannt (wir waren schon bei mehreren Expeditionen zusammen), ist aber schon nach der ersten Nacht erkrankt, hat seinen Rucksack genommen und ist wieder nach Hause gefahren.

Während wir uns im Basislager erholen, brechen Guiliano de Marchi, unser Arzt, und Denis Decroe, der Kameramann aus Frankreich, auf. Sie kommen bis kurz unter den Gipfel, werden von der Dunkelheit überrascht und wagen es nicht mehr, einen schwierigen Grat zu erklettern. In der Finsternis tasten sie sich zurück ins letzte Lager auf 7800 Meter. Guiliano hat Erfrierungen an den Händen erlitten. Trotz allem haben sie das Glück auf ihrer Seite gehabt, es hätte viel schlimmer ausgehen können. Einen Tag später folgt eine polnische Expedition den Spuren unserer Freunde. An der Spitze Wielicki, ein bärenstarker

Bergsteiger. Die letzten 300 Meter wählt er eine direkte Route und kommt auf den Gipfel. Er ist schnell wieder abgestiegen und hat gegen achtzehn Uhr auf 7700 Meter Höhe sein kleines Zelt erreicht. Der Schweizer Marcel Rüedi, der mit ihm aufgestiegen ist, kommt viel später auf den Gipfel. Von der Nacht überrascht, muß er im Abstieg auf 8200 Meter im Freien ohne Zelt und Schlafsack biwakieren. Hat er nicht mehr die Kraft gehabt, weiter abzusteigen, oder in der Dunkelheit die Spuren verloren? Man weiß es nicht. Wir sind im Lager II, als Wielicki sich erkundigt, ob wir Rüedi gesehen hätten. Während er uns erzählt, er habe die ganze Nacht gehofft, daß es Rüedi bis zu seinem Zelt schaffen würde, sehen wir 300 Meter unterhalb des Gipfels einen Punkt, der sich nach unten bewegt. Es muß Rüedi sein! Wielicki vollführt einen Freudensprung. Wir sind alle ungemein erleichtert.

Nach diesem Zwischenfall steigen wir auf in unser nächstes Camp, in der Hoffnung, Rüedi zu treffen. Eines unserer Zelte hat der Wind umgeworfen. Während wir es mühevoll wieder aufrichten – jede kleine Bewegung in dieser Höhe ist anstrengend –, kreisen unsere Gedanken nur um den Schweizer. Wir hätten ihn sehen müssen. Das polnische Zelt steht hundert Meter tiefer; sie haben einen anderen Aufstieg gewählt als wir, um das dritte Lager zu erreichen. Es läßt uns keine Ruhe, und wir beschließen, nach dem Rechten zu sehen. Einige hundert Meter unterhalb des Zeltes entdecken wir dann Rüedi: sitzend, die Hände auf Skistöcke gestützt, als wollte er sich nur einen Moment ausruhen. Er ist tot. Wir können es nicht fassen. Er, der eine unwahrscheinliche Willenskraft besessen und bereits elf Achttausender bestiegen hat. Wieder einmal spüren wir, wie nahe Leben und Tod in dieser Höhe sind.

Über Funk geben wir die Nachricht ins Basislager weiter; alle sind zutiefst schockiert.

Tags darauf, am 26. September 1986, brechen wir um sieben Uhr früh auf, fest entschlossen, auf den Gipfel zu kommen. Alle drei sind wir in bester Verfassung. Umkehren macht Marcel auch nicht wieder lebendig; ansonsten hätten wir keinen Moment daran gezweifelt, aufzugeben.

Das Wetter ist herrlich, und wir kommen auch gut voran. In 8200 Meter Höhe sehen wir ein Loch im Schnee, hier muß Rüedi biwakiert haben. Im Vorbeigehen versuche ich, auf andere Gedanken zu kommen, alle düsteren Bilder von Tod und Verderben zu verdrängen.

Die letzten paar hundert Meter; eine steile Rinne verlangt äußerste Konzentration. Noch vor Mittag erreichen wir den Gipfel des Makalu, 8481 Meter. Hans, Reinhold und ich – wir haben es zusammen geschafft. Ich bin überglücklich, mein Traum ist endlich in Erfüllung gegangen. Wir fotografieren uns gegenseitig – Erinnerungen an den Punkt, an dem sich alle Linien treffen, die ein Berg hat, ganz gleich, über welche man aufgestiegen ist.

Lhotse 1986
Von Reinhold Messner

An diesem Morgen des 16. Oktober 1986 gab es keinen Morgen. Es wurde zwar allmählich heller, nachtschwarz aber war die Nacht nicht gewesen. Nie. Mir war, als hätte ich keinen Augenblick lang geschlafen. Der Sturm, der die vielen Stunden Untätigkeit lang über die Zeltplane gefegt hatte, hielt die Angst wach. Auch dann, wenn ich eindöste. Die Augen hielt ich geschlossen. Nicht nur, um die Entscheidung hinauszuzögern – abwarten oder absteigen –, auch um den Tag, den Sturm, die Gefahr nicht zu sehen. Es reichte schon, wenn ich sie roch und hörte. Aufsteigen kam nicht in Frage. Darüber dachte ich nicht nach.

Hans lag im Schlafsack neben mir, zusammengekauert, still, vermummt bis auf ein kleines Dreieck, das Augen, Nase und Mund freiließ. Er sagte nicht, was er dachte. Er wußte, daß ich es wußte.

Wir waren in einer äußerst »beschissenen« Lage. Wolfgang Thomaset, Bergführer und Kameramann aus Südtirol, und Saila, ein jahrelanger Freund aus Nepal, lagen in einem zweiten Zelt unweit von unserem. Trotzdem waren sie nicht erreichbar. Wie hätten sie uns auch helfen können? Die Entscheidung konnten sie uns nicht abnehmen, und wenn unser Zelt riß, hätten wir nicht in das ihre flüchten können. Dafür war es zu klein. Allein schon, daß sie da waren, erschien uns als Trost.

Der Lhotse sollte mein vierzehnter Achttausender sein. Für Hans der siebte. Dieses Denken, Rechnen und Zählen war da oben völlig ausgeschaltet. Unsere Energien konzentrierten sich ausschließlich auf das Überleben.

Eiswüste: Durch den zerborstenen Khumbu-Eisbruch zieht der Weg Richtung Everest und Lhotse. Manche Spalten müssen dabei mit langen Aluleitern überwunden werden.

Hochtal: Im Western Cwm werden endlich der Everest (links) und der Lhotse (ganz hinten im Bild) sichtbar.

Überwältigend: die schwarze Pyramide des Everest und rechts der Nuptse, vom Kala Patar aus gesehen (vorige Doppelseite)

Gegen sechs Uhr brachte Saila Tee. Wie er Eis geschmolzen, gekocht und zu uns gekommen war, blieb mir ein Rätsel. Dabei Bewunderung über so viel Selbstdisziplin. Zu wissen, was es bedeutet, in 7500 Meter Meereshöhe, bei 30 Grad minus und einem Sturm, der das Zelt niederdrückt bis auf die Schlafsäcke, mit einem Kocher zu hantieren, bleibt einigen verrückten Abenteurern und Sherpas vorbehalten. Auch ich vergesse diese Erfahrung wieder, wenn ich zu Tal und in Sicherheit bin.

Hans und ich sahen uns über die Schlafsäcke hinweg an. Der Tee in den Tassen dampfte. Es hatte keinen Sinn, darüber zu reden, bei diesem Sturm hatte alles keinen Sinn.

Für sieben Uhr war ein Funkspruch vereinbart. Die unten sollten wissen, was mit uns los war. Sie hätten uns zwar nicht helfen können, aber der Kontakt allein schon tat gut.

In einer Art stillschweigender Übereinkunft hatten Hans und ich uns aber entschlossen abzuwarten. Also lagen wir wieder still da. Als ich mich aufsetzte, um zu funken, setzte sich auch Hans auf. »Wir warten noch ein paar Stunden«, sagte ich zu Renato Moro, der diese Expedition, bestehend aus einer Filmcrew, ein paar Bergsteigern und einigen Wissenschaftlern, im Basislager koordinierte. »Dann wollen wir die endgültige Entscheidung treffen, was uns zu tun übrigbleibt.«

Hans hatte sich inzwischen die Schuhe angezogen. Unbeirrbar bereitete er sich auf den Aufstieg vor. Und es war, als ob der Sturm gegen die Entschlossenheit resignierte. Er ließ nach. Oder schien mir das nur so, weil wir in Daunenanzug, Gamaschen, Doppelschuhen ein dickeres Fell hatten gegen Kälte und Angst?

Mein Vertrauen in Hans war unerschütterlich. Bei diesem zehnten Versuch, gemeinsam den Gipfel eines Achttausenders zu erreichen, kletterten wir in einer Art symbiotischer Seilschaft. Von Anfang an, damals im Winter am Cho Oyu, war mir Hans als der ideale Partner bei diesen großen Bergtouren erschienen. Dabei hätte ich diese Erkenntnis rationell nicht erklären können. Hans war unübertroffen gut, er tat instinktiv immer das Richtige, war durch nichts aus der Ruhe zu bringen. Diese Eigenschaften aber reichten in keiner Weise aus, um ein so starkes Vertrauen über Jahre zu nähren und geistig hatten wir völlig verschiedene Interessen. Vielleicht war auch das Wissen ausschlaggebend, daß wir eine ähnliche Entwicklung als Bergsteiger durchgemacht hatten, und die Bewunderung für den Bergbauernbuben, der sehr schnell gelernt hatte, sich in der Welt zu behaupten. Dabei ist Hans »verschmitzt« geblieben, ein Bergsteiger-Profi mit der Ausstrahlung eines Wildschützen.

Hans ließ mir keine Zeit zum Nachdenken. Als wir angezogen waren, schlüpften wir hinaus ins Freie. Die ersten Bewegungen waren tapsig. Wie Gebetsfahnen schlugen die Windböen, Schnee und Nebel treibend, über den Lhotse-Nuptse-Grat. Mit

zugekniffenen Augen und aufeinandergebissenen Zähnen schnallten wir die Steigeisen an die Plastikstiefel.

Hans hatte mir keine Zeit gelassen, noch einmal zu funken, und wenn wir bis zum Gipfel wollten, hatten wir keine Minute zu verschenken. »Wir schauen, wie weit wir kommen«, rief ich zum anderen Zelt hin und stieg los. Hans ging nur wenige Meter hinter mir. Der Wind kam in Böen, vom Südsattel herab. Wie ein Tier fiel er uns oft unerwartet an.

Die Schneeverhältnisse hätten besser nicht sein können. Die Steigeisen griffen gut, und Pulverschnee lag nur in ein paar Mulden. Obwohl wir nicht geschlafen hatten, waren wir beide in guter Verfassung. Als ob die Widerstände furios sein müßten, um alle Kräfte in uns zu mobilisieren. In der Nähe vom Südcol ließ der Sturm noch mal nach. Jetzt lag der Schnee knöcheltief, oft knietief. Hans ging voraus und trat eine Spur. Der Wind aber füllte die Fußstapfen sofort wieder. Ich bemühte mich also, das Tempo von Hans zu halten. Öfters jetzt der Wunsch aufzugeben.

Seit wir die von einer internationalen Everest-Expedition

Aufbrausend: Am Gipfeltag machten uns extreme Kälte und starker Sturm zu schaffen.

präparierte Route zum Südsattel verlassen hatten, fanden wir keine menschlichen Spuren mehr. Auch unten waren es nur Reste von Fixseilen und da und dort Wüste gewesen, die eine alte Spur andeuteten. Hier oben aber war kein Anhaltspunkt, kein rettender Anker.

Hans stieg unbeirrbar aufwärts. Die Strecke unterhalb der Lhotse-Rinne war die anstrengendste, physisch wegen dem weichen Schnee, psychisch, weil der Gipfel noch weit weg war. Hätte Hans auch nur einmal gezögert, ich wäre sofort mit ihm abgestiegen. Obwohl der Lhotse mein »letzter« Achttausender war.

Die »Achttausender« sind, abgesehen davon, daß sie die höchsten Berge der Welt sind, nur eine von vielen Spielmöglichkeiten in den Gebirgen dieser Erde. Ich war dabei, eine Idee zu Ende zu realisieren, die ich mir vier Jahre zuvor ausgedacht hatte. Ob andere darin einen Wettlauf sahen oder nicht, interessierte im Moment kaum. Hans und ich hatten mit der Wirklichkeit des Lhotse so viel zu tun, daß wir über die Vor-

Bild mit Symbolcharakter: In Kathmandu trafen wir Sir Edmund Hillary.

stellungen anderer Menschen zu diesen »Achttausendern« nicht nachdachten.

In der Lhotse-Rinne war es uns gleichgültig, wie hoch dieser Berg nun war, wer wie und wann in Konkurrenz mit uns getreten war. Nicht Zahlen und nicht Meter waren das Maß für unser Dasein, sondern die Anstrengung, die Angst und immer wieder dieser Blick nach oben. Sie waren uns auch das Maß für diesen Berg.

Als wir wieder harten Schnee unter den Füßen hatten – die Rinne verengt sich nach oben –, kamen wir plötzlich zehnmal so schnell vorwärts wie vorher. Vor allem weil uns der Sturm jetzt von hinten traf. Er hob uns höher. Dort, wo die Rinne fast zum Kamin zusammenläuft, hingen ein paar Seilfetzen an der rechten Felswand. Wir hielten uns kurz daran fest, um nicht nach oben gerissen zu werden.

Hans und ich sahen uns an. Ja, die Anstrengung war auf die Balance, das Sich-Festhalten geschrumpft. Rasch stiegen wir – immer noch vom Sturm getragen – die breiter werdende Rinne aufwärts. Bizarre Felstürme griffen wie gigantische Finger links in das Grau von Schneefahnen und Nebel.

Am Gipfelzahn blieben wir kaum einen Augenblick lang. Die Angst, vom Gipfel geschleudert zu werden, war größer als der Wunsch, diesen »Erfolg« auszukosten. Sicher, ich hatte damit den letzten vorerst von den Geographen gezählten Achttausender bestiegen, der »Abstieg zum Erfolg« aber lag noch vor uns. Erst unten würde das Leben weitergehen, erst unten zählte der Erfolg als Erfolg. Oben waren wir in einem Zustand des Überleben-Wollens nur da. Wie wilde Tiere, wenn sie in die Enge getrieben werden.

Hans hatte nun auch an den Achttausendern wesentliche Erfahrungen gemacht. Wir brauchten nicht darüber zu reden. Wir hatten diese Wochen miteinander geteilt: am Gipfelplateau des Cho Oyu, beim Abstieg vom Gasherbrum I nach der Doppelüberschreitung, Blitz und Donner am Dhaulagiri, brusthoher Neuschnee am Makalu ... Ich weiß, was sich Hans auch wünschte. Wieder und immer wieder herauszufinden, wie weit er noch gehen konnte. Die Höhe des jeweiligen Berges, ja sogar die Schwierigkeiten der gewählten Route spielten dabei eine untergeordnete Rolle. Er suchte und sucht das Maß seiner selbst.

Gestern, in der Eroberungsphase des Bergsteigens, war der Gipfel das »Maß aller Dinge«. Heute, im Umbruch zum Wettkampfalpinismus, ist es für die einen die Rangliste der Besten, für die anderen die Verwirklichung einer verrückten Idee. Morgen muß sich die junge Elite schon kühne Umwege ausdenken, wenn sie ihr Maß finden will.

Cerro Torre 1988

Ein Interview von Hans Steinbichler
mit Hans Kammerlander
am 6. April 1988

Eine Frage gleich voran: Reinhold Messner bezeichnet dich nach wie vor als seinen besten Freund und seinen sichersten Partner, es war für die Interessierten zunächst erstaunlich, daß nicht Reinhold Messner mit dir zum Cerro Torre gegangen ist. Welche Erklärung gibt es dafür?
Wir waren ja vor vier Jahren schon zusammen in Patagonien am Fiz Roy unterwegs. Aber da war das Wetter nicht gut. So sind wir wieder heimgefahren und wollten auf dem Heimweg zum Mount Vinson am Südpol. Dieser Plan hatte sich spontan auf dem Hinflug ergeben, und er ist dann doch ins Wasser gefallen. Nach seinem vierzehnten Achttausender, im Herbst 1986, ist Reinhold ziemlich ausgestiegen. Nicht als Bergsteiger, er wird weiterhin unterwegs sein, aber er hat seine ganze Energie jetzt in einen Film gesteckt. Er schreibt ein Buch für einen Spielfilm.
Hast du Reinhold gefragt, ob er mitgehen will?
Nein, ich wußte, daß er wegen dieses Films kein Interesse hatte, deswegen ist das Thema überhaupt nie behandelt worden.
Es war auch erstaunlich zu erfahren, daß du mit einem bayerischen Sportkletterer gehen wirst. Hast du dir nicht überlegt, mit einem Südtiroler zu gehen? Zum Beispiel mit Hanspeter Eisendle?
Der Hanspeter Eisendle wäre eigentlich mein Partner gewesen. Er hatte mir auch zu 90 Prozent zugesagt. Im letzten Moment ist ihm dann beruflich etwas dazwischengekommen. Knapp vor dem Abflug habe ich dann plötzlich keinen Partner

mehr gehabt. Kurz nachdem ich das erfahren habe, war ich in München bei Salewa. Die kennen ja viele Kletterer. Und so habe ich eben da angefragt, ob sie mir nicht einen Tip für einen guten Partner geben könnten. Sie haben mir spontan vorgeschlagen, einen Mitarbeiter von ihnen anzurufen. Ich kannte Wolfgang Müller nur vom Namen, aber ich habe gedacht: Probier es halt einfach. Einen Tag später hat er mir bereits die Zusage gegeben. Ich erfuhr von Kollegen, daß er ein angenehmer Mensch sei; wie er klettert, habe ich nur in Bergzeitschriften gelesen.

Ihr habt euch also am Abflugtag im Flughafen München zum erstenmal gesehen?

Ja, das war mir noch nie passiert, daß ich meinen Partner für eine Expedition zum erstenmal auf dem Flughafen treffe. Er wird sich das genauso gedacht haben. Außerdem war ich in den letzten Jahren fast nur auf Achttausendern unterwegs, und plötzlich trifft sich ein Schneetreter mit einem Sportkletterer, und die brechen gemeinsam auf, einen schwierigen Felsberg zu besteigen.

War der Cerro Torre ein Wunschtraum von dir?

Ich bin eigentlich immer noch mehr Felskletterer als Eisgeher. Zu Expeditionen bin ich eher zufällig gekommen. Es war Reinhold Messner, der mich 1982 erstmals eingeladen hat. Einmal, als ich gerade von Nepal heimgekommen bin, habe ich in einer Alpinzeitschrift einen großen Bericht über den Cerro Torre und dessen Besteigung gelesen. Da war ich plötzlich fasziniert und begeistert und wollte Patagonien und diesen Berg kennenlernen. Ich war ja in vielem vorbereitet, kenne die Stürme des Himalaya, die Felsschwierigkeiten von vielen schweren Alpenwänden! Der Cerro Torre ist mit den schwierigsten Alpentouren zu vergleichen. Nur, so kalt wie auf den Achttausendern war's dann in Patagonien nie.

Haben sich eure Vorstellungen im Basislager erfüllt?

Wir sind schnell ins sogenannte Basislager gestiegen, ein kleines Wäldchen am Fuß des Cerro Torre, einige Stunden vom

Einstieg entfernt. Da waren Bergsteiger, die zum Teil schon den ganzen Dezember gewartet haben. Sie sagten uns, daß dieser Monat keinen schönen Tag hatte. Hier haben wir die »ganze Welt« getroffen. Es waren Deutsche da und Polen, mit Wanda Rutkiewicz, Amerikaner mit Jim Bridwell und Jugoslawen. Diese Jugoslawen, das muß ich sagen, die gehörten sicherlich zur absoluten Weltspitze. Sie waren schon zwei Monate in der Südwand des Cerro Torre und haben eine Erstbegehung probiert. Sie ist ihnen dann später auch gelungen. Es waren Silvo Karo, der schon einige Male im Himalaya war, und Stianec Jeglic. Ich muß sagen, diese Wand, die die erstbegangen haben, ich weiß nicht, ob ich mich da hineintrauen würde. Sie ist sicher im VIII. Grad und unglaublich gefährlich, weil die Séracs ständig über den Köpfen hängen.

Wie viele Versuche hattet ihr, bevor der Gipfel erreicht wurde?

Wir hatten die ersten 14 Tage überhaupt keine Chance, da hat's nur geregnet und geschneit, im Basislager machten wir an den Bäumen Klimmzüge. Dann trugen wir Rucksäcke zum eigentlichen Einstieg, in eine Schneehöhle, um am Tag der Besteigung rascher dorthin zu kommen. Aufgrund der Witterung sind wir eine Woche lang nicht mehr hinaufgekommen. Als wir endlich aufsteigen konnten, mußten wir lang suchen, bis wir die Schneehöhle wieder gefunden haben. Wir haben unsere Rucksäcke zurück ins Basislager gebracht. Und wie uns zum Trotz ist dann am nächsten Tag das Wetter schön geworden. Leicht verärgert mußten wir unsere Rucksäcke wieder zur Schneehöhle transportieren. Diesmal blieben wir die Nacht oben.

Hattet ihr am nächsten Tag dann Glück mit dem Wetter?

Im Gegenteil. Der Himmel hing voll Schneewolken, die sich dann voll über uns entladen haben. Das hat mich dann doch zu nerven begonnen. Schließlich haben sich alle anderen im Basislager an uns orientiert. Sie sind aufgestiegen, weil wir aufgestiegen sind. Und dann der Wetterumschwung. Mir war's peinlich. Ich kenne das Wetter vielleicht im Himalaya, kenne es in den Alpen relativ gut, aber ich habe keine Ahnung vom Wetter in Patagonien. Trotzdem ist die ganze Gruppe, eine ganze Schar, hinter uns hergelaufen. Abends sind sie dann der Reihe nach in dieser großen Schneehöhle aufgetaucht.

Als weltbekannter Bergsteiger muß man sich wohl auch damit auseinandersetzen, daß man eine gewisse Vorbildwirkung hat.

Ich hab nicht mehr viel Zeit gehabt zu warten, sonst wär ich an diesem Nachmittag auch nicht hinaufgegangen. Ich habe mir einfach gedacht, jetzt geh ich, soweit ich komm, lieber in der Hälfte der Wand scheitern, als es überhaupt nicht probiert zu haben.

Wann fiel dann die Entscheidung, daß am nächsten Tag auf jeden Fall ein Versuch gemacht wird?

Das war in der Nacht. Wir haben den Höhenmesser kontrolliert, und die Angaben waren unverändert geblieben. In der Früh sind wir raus, es war noch stockdunkel, und schon im Schein der Stirnlampen sahen wir die ersten Schneeflocken. Für unsere Psyche war es ein Knacks, als es in der Früh schon schneite. Wir wußten, daß von dieser Schneehöhle aus der Cerro Torre noch nie an einem Tag bestiegen wurde. Und dennoch gingen wir entschlossen in den Schneefall hinein ...

Wann habt ihr zu klettern begonnen?

Gegen Viertel nach vier sind wir eingestiegen. Der Himmel war bedeckt, und deswegen hat's noch zwei Stunden gedauert, bis es Tag geworden ist. Wir sind in dieser Zeit mit den Stirnlampen geklettert, aber nach einer Stunde wurden die Batterien schwach. Wir haben sehr wenig gesehen, und da gab es schon recht schwierige Passagen.

Sind euch in dieser Nacht auch Bergsteiger gefolgt, und wie war das Vorwärtskommen im verschneiten Fels?

Nur zwei Norweger waren uns anfangs auf den Fersen. Unsere Taktik war so: Ich bin mit Plastikschuhen geklettert, die ganze Tour. Wolfgang hat im unteren Teil die Patschen angehabt. Er ist in den Felspassagen vorausgegangen, und ich bin nachgestiegen. Bei Schneepassagen oder Vereisung bin ich mit Steigeisen voraus. Dadurch waren wir recht schnell. Wir sind teilweise auch gleichzeitig geklettert. All jene kurzen Passagen, an denen das Seil durch Karabiner gelaufen ist.

Diese Wand ist ja ungeheuer abweisend, senkrecht, teils überhängend. Sind eigentlich von den Vorgängern Bohrhaken oder andere Sicherungsmittel vorhanden?

Ja, im unteren Teil, in den Felspassagen, waren wir recht gut gesichert.

In welchem Schwierigkeitsbereich liegt hier die Kletterei?

Die Schwierigkeiten liegen schon in einem ordentlichen VI. Grad. Mit den Kletterpatschen waren sie aber für Wolfgang überhaupt kein Problem. Er ist zügig geklettert, schließlich beherrscht er ja den knappen X. Grad. Der untere Teil ist recht gut abgesichert, es stecken viele Haken. Nach dem ersten Drittel begann dann eine Eispassage und Preßschnee auf Felsplatten.

Kann man da die Zwölfzacker einsetzen? Oder eine Eisschraube?

Die Schneeschicht ist fünf bis zehn Zentimeter dick. Es ist nicht Eis, es ist nur eine harte Schale, wir stoßen mit dem Steigeisen hinein, die Steigeisen rutschen, die Pickel prallen vom Fels ab, die Haken sind unterm Schnee. Eigentlich mag ich derartiges Gelände gern. Ich liebe dieses Gelände sogar. In den Jahren vor dieser Expedition habe ich mich auf vereiste, verschneite Felsen konzentriert und auch spezialisiert. Nur, man ist nicht mehr so schnell, wenn man ganze Seillängen klettern muß, wie es uns im zweiten Drittel passiert ist, wo ich 50 Meter keine Zwischensicherung setzen konnte.

Himmelwärts: Cerro Torre und Torre Egger zeigen sich für wenige Minuten, als wollten sie uns die Gewißheit geben, daß sie noch da sind, dann geht der Nebelvorhang wieder zu.

Hatte auch Wolfgang Plastikschuhe mit Steigeisen?
Im unteren Teil, in den Felsen, war er mit den Patschen unterwegs, das war seine Arbeit, und oben dann im vereisten Gelände, so haben wir's ausgemacht, war es meine Aufgabe vorzusteigen. Die zweite Hälfte der Wand sind wir beide mit Plastikschuhen geklettert.
Hast du einmal darüber nachgedacht, daß es ein Genuß wäre, diesen Berg bei Wetterglück zu klettern?
Ich habe viele Cerro-Torre-Bilder gesehen. Bei herrlichstem Sonnenschein und auch bei trockenem Fels, da ist dieser Berg sicher ein totaler Genuß, ich glaube, mit den Schwierigkeiten eines Walkerpfeilers, nur weitaus anstrengender.
Hat sich der Aufstieg ohne irgendwelche ernste Probleme oder Zwischenfälle vollzogen?
Im Grunde ja, nur das Wetter ist immer schlechter geworden. Dicker Nebel, Schneefall, und irgendwann waren wir auch auf dem Punkt, wo wir nicht mehr daran glaubten, auf den Gipfel zu kommen. Ich hab mir gedacht, jetzt klettern wir halt noch eine Seillänge weiter, es wird wahrscheinlich die letzte sein, und dann müssen wir sowieso abseilen. Einfach noch eine Seillänge, und dann werden wir sehen. Dann habe ich auf den Höhenmesser geschaut und erkannt, daß wir nicht mehr weit vom Gipfel entfernt sein dürften. Ich war total überrascht. Doch dann riecht man die Gipfelluft und beginnt, ein bißchen mehr zu riskieren.
War im letzten Drittel die gefährliche Schneeschicht auch noch vorhanden?
Ja, aber wenn dann plötzlich Schönwetter kommt, löst sich diese Schneeschicht innerhalb von zwei Stunden. Gerade so, wie wenn man jemandem die Kleider ausziehen würde. Der weiße Berg wird in kurzer Zeit plötzlich dunkel, wird wieder Granit, und der gesamte Schnee fliegt dir halt auf den Kopf. Nur ist's mehr ein Schneeprasseln, was herunterkommt. Es ist kein Eisschlag. Die letzten 300 Meter sind dann wieder reiner Fels. Bei uns lag allerdings ein ganz dünner Reif drauf, der die Gummisohlen rutschen ließ. Der letzte Teil ist im Grund ziem-

Äußerst heikel: Quergang am Cerro Torre in kombiniertem Gelände

lich technisch, da hat der »Meister« mit seinem Kompressor schon ganze Arbeit geleistet. Auch wenn der Fels vereist ist, kommt man trotzdem relativ gut weiter. Es ist nur glitschig und ein wenig gefährlich, wenn zwischendurch einzelne Passagen frei geklettert werden müssen.

Finden sich von Cesare Maestri noch Spuren, und haben spätere Besteiger noch etwas hinzugefügt?

Von späteren Besteigern sind nur Fixseile dazugekommen. Aber sonst sind die Haken immer noch diejenigen, die Maestri gebohrt und geschlagen hat. Er hat im ersten Drittel keine Bohrhaken geschlagen, er hat weiter oben begonnen, aber ich glaube auch, daß es dort, wo er geklettert ist, ohne Bohrhaken sehr schwer möglich gewesen wäre. Allerdings hat er sie für mein Gefühl sehr eng gesetzt. Der Abstand hätte viel weiter sein können, aber ich glaube, kritisieren kann man ihn deswegen nicht. Trotz dieser radikalen Kompressorarbeit vollbrachte er eine große Leistung.

Glaubst du, daß der Osttiroler Toni Egger und Cesare Maestri 1959 bereits am Gipfel waren?

Patagonien ist das Land der Stürme, der türkisblauen Bergseen und der auch gegenwärtig noch stark steigenden Gletscherbrüche, die bis ins Tal herabgedrückt werden.

Der Cerro Torre und seine Begehungsgeschichte sind ja voller Widersprüche und teilweise auch Rätsel, und oben, kurz unter dem Gipfel, hängt ja noch der berühmte Kompressor von Cesare Maestri. Ich glaube aber, daß sie hundertprozentig oben waren. Bei Abstieg ist es dann wärmer geworden. Der Eispanzer löste sich, und da hat es den Toni Egger heruntergeschlagen, und Maestri ist allein zurückgekommen. Dann waren es Neider, die ihm diesen Erfolg nicht geglaubt haben, und er ist dabei fast verrückt geworden.

Zehn Jahre später kam er wieder, mit zwei weiteren Italienern und einer Bohrmaschine.

Ja, genau zehn Jahre später, im Jahr 1969, ist er wiedergekommen, und damals hat er gesagt, entweder der Berg wird bestie-

gen, oder ich komme nicht zurück. Entweder der Berg oder ich. Er hat einen Kompressor mitgebracht und ist dann nach oben geklettert über die heute weltbekannte Maestri-Route und hat sich mit Gewalt durch die senkrechten Granitplatten gebohrt. Der Weg ist ein bißchen unlogisch.

Wäre heute eine Route neben dieser Hakenleiter für Sportkletterer by fair means zu klettern?

Ich sehe da schon eine Chance. Nur wenn da ein Sportkletterer frei hochklettern will, dann muß dieser Sportkletterer auch ein ganz hervorragender Alpinist sein, ein Alpinkletterer. Ich sehe für den eine Chance, der sich vom alpinen zum Sportklettern entwickelt hat. Für die normalen Sportkletterer allerdings nicht, weil doch immer wieder mit Wind und Eis zu rechnen ist.

Wolfgang hat sich darüber auch seine Gedanken gemacht. Sein größter Traum wär's, diesen Cerro Torre frei zu besteigen. Ob's möglich ist? Ich zweifle ...

In welcher Wandhöhe habt ihr eigentlich eure Nachfolger zum letzten Mal gesehen oder gehört?

Wir haben sie nur am Anfang gesehen. Dann haben sich die Lichter ihrer Stirnlampen wieder nach unten gerichtet. Da sind sie wohl wieder umgekehrt. Ursprünglich waren vier Seilschaften hinter uns.

Hans, du hast mir gerade ein sehr eigenartiges Metallstück unter die Nase gehalten und mich gefragt, ob ich weiß, was das ist. Ich meinte, daß es ein Auspuff sein könnte.

Das ist tatsächlich ein Auspuff. Der von Cesare Maestris Bohrmaschine. Ich habe ihn liegen gesehen und mit heimgenommen. Als Erinnerung an diese Kompressor-Besteigung. Maestri hat 1969 die Erstbesteigung wirklich mit dem Kompressor gemacht. 30 Meter unter dem Gipfel hat er dann beim Abstieg seinen Kompressor, fixiert an Bohrhaken, hängen lassen. Ein paar wesentliche Teile hat er allerdings abmontiert, damit er nicht mehr anspringen kann. Dann ist er hinauf und hat die letzten 30 Meter bis zum Eis seine Bohrhaken abgeschlagen, um zu beweisen, daß dieser Berg, diese Route, ohne Kompressor unmöglich gewesen wäre. Erst zehn Jahre später, es sind immer genau zehn Jahre, ist dann einer der größten Kletterer Amerikas auf den Gipfel gekommen. Jim Bridwell wußte, daß oben die Bohrhaken fehlen. Er hat sich mit allen Raffinessen des Yosemite-Kletterers die letzten 30 Meter hinaufgeschwindelt. Ganz unglaublich. Er hat mit dem Handmeißel kleine, vier bis fünf Millimeter tiefe Löcher gebohrt und Aluminiumnieten hineingeschlagen. Die würden einen Sturz nie halten. Zur Vorbewegung reichten sie allerdings. Einige Male hat er Klemmkeile hineingeschlagen; mit dem Hammer in die Risse reingedroschen. Diese Sachen sind immer noch da. Die letzte Seillänge ist das Unglaublichste am Cerro Torre. Da muß man wirklich den Atem anhalten, weil man sich sonst diesen Sicherungspunkten nicht anvertrauen mag.

Habt ihr euch diesen Punkten anvertrauen müssen?

Ja, es war nicht anders möglich. Ich bin allerdings früher, um das vorauszuschicken, mindestens 20 Touren in hohen Schwierigkeitsgraden, in den Zinnenwänden und anderswo, allein geklettert. Ohne Seil, nur von Haken zu Haken. Heute weiß ich, daß das purer jugendlicher Leichtsinn war. Heute würde ich mich diesen Haken nie mehr anvertrauen. Über Bohrhaken kann man hinaufgehen und denken, wenn so ein Aluminiumkeil bricht, dann hält der Stand hundertprozentig. Da kannst du auch einmal einen Sturz riskieren. Früher hingegen, bei meinen Alleinbegehungen, da hab ich wirklich bei jedem Haken das Leben eingesetzt.

Hans, du bist als Anhänger leichten Gepäcks bekannt. Was befand sich bei dieser Tour in euren Rucksäcken?

Es war so, daß wir ab der Schneehöhle nur ein Zehn-Millimeter-Kletterseil dabei hatten. Es war 50 Meter lang. Als Reserve hatten wir ein Sechs-Millimeter-Seil für den Rückzug im Rucksack. Zum Klettern ist das zu schwach. Dann hatten wir etwa 15 Karabiner mit, zwei bis drei Felshaken, jeder zwei Eispickel, für alle Fälle einen Gore-Tex-Biwaksack. Zum Essen gab es eine Tafel Schokolade. Daunenausrüstung hatten wir keine, nur einen Gore-Tex-Anzug, darunter eine Fleeceschicht. Wir haben auch keine speziellen Reserven mitgehabt. Das kann man bei so einem Unternehmen auch nicht, weil der Rucksack einfach zu schwer wird. Aber für unsere kleinen Kameras war doch Platz.

Ihr hattet für ein Biwak keinen Kocher und auch keine Flaschen mit etwas zum Trinken dabei?

Nein, wir haben keinen Kocher dabei gehabt. Aber in der Früh haben wir eine Viertelliterflasche Limonade eingepackt. Erst ganz oben, vor dem Gipfel, haben wir daraus einen Schluck genommen. Es ist immer ein Risiko dabei, wenn man zuwenig im Rucksack hat. Aber wenn wenig im Rucksack ist, dann gewinnt

man auch an Geschwindigkeit. Diese Taktik hab ich von Messner gelernt. Wir sind immer mit wenig Ausrüstung auf die Achttausender gestiegen. Die Rucksäcke waren halb so schwer wie die von anderen Expeditionsbergsteigern. Dadurch waren wir auch schnell. Klar, man riskiert dabei einiges, aber vieles passiert nur, weil man zu langsam ist und weil man zuviel Zeit am Berg verbringt.

Auf dem Gipfel türmt sich doch eine weltberühmte Schneehaube auf. Ist sie schwierig zu besteigen?

Das ist ganz enorm. So ein Phänomen kenne ich von keinem anderen Berg. Man kommt aus dem senkrechten Granit heraus, und die letzten Haken, die da noch stecken, verschwinden in der Gipfeleiskuppe. Sie kann sich bis zu 30 Meter hoch auftürmen, ehe sie wieder abbricht. Aber sie ist ganz leicht zu besteigen. 10 bis 20 Meter ist sie mit 40 bis 45 Grad Neigung relativ harmlos. Dann baut sich nochmals ein sieben bis acht Meter hoher Gipfelspitz auf, und das ist dann der Gipfel. Für mich gab es eine Überraschung: Ich habe oben mit Eisschrauben Stand gemacht und mir ein wenig Platz freigeschlagen. Ich wollte auf gutes Eis kommen, und genau da war dann plötzlich eine Glocke, eine kleine Glocke. Erst später habe ich erfahren, daß diese winzige Glocke einem Italiener, der mir von der Marmolada her bekannt ist, gehörte. Maurizio Giordani, der mit seiner Freundin Rosanna Manfrini im November eine Besteigung durchführte. Das war die erste Damenbegehung.

Und das war im November 1987?

Ja, November 1987. Es war ein sehr, sehr schöner Monat, und es ist einigen Bergsteigern gelungen, den Gipfel zu erreichen. Bis November waren es zwölf oder dreizehn Begehungen. Im November sind noch fünf dazugekommen. Giordani hat dann diese Glocke als Symbol seiner Heimatstadt oben befestigt.

Feuerwerk der Natur: patagonischer Abend mit Fiz Roy, rechts im Bild, und der Nadel des Cerro Torre (vorige Doppelseite)

Mit einer Eisschraube. Genau wo ich gepickelt habe, um meine Eisschraube zu setzen, kam diese Glocke zum Vorschein. Jetzt haben wir sie heruntergebracht als Andenken. Nach dieser Begegnung mit der Vergangenheit waren es nur noch wenige Meter, fast nur Gehgelände, zum Gipfel. Man muß durch einen kleinen Schlupf und steht oben auf dem höchsten Punkt. Wir waren glücklich. Aber ein dicker Nebel und starker Sturm zogen von Norden her auf.

Seid ihr mit der Fotoausbeute zufrieden?

Ja, wir haben gutes Fotomaterial mitgebracht. Ich glaube, anhand dieser Bilder kann man sich die Verhältnisse besser vorstellen, als sie zu erklären sind. Ich bin glücklich über die Fotos, obwohl es keine Sonnenscheinbilder sind. Aber es sind dramatische Aktionsbilder.

Hattet ihr Kraft für große Freudenausbrüche?

Bei aller Schwierigkeit, diesen Gipfel zu erreichen, hat er einen Vorteil gegenüber den Achttausendergipfeln. Dort muß man mit seinen Kräften noch mehr haushalten. Natürlich haben wir uns gefreut, weil der Aufstieg in so kurzer Zeit geglückt ist. Elf Stunden – das ist schon beachtlich. Diese schnelle Begehung hat uns deshalb selbst überrascht, weil die Verhältnisse nicht gut waren. Besondere Freude empfanden wir aber deshalb, weil wir bis zum letzten Augenblick nicht geglaubt haben, daß uns der Wind wirklich bis zum Gipfel kommen läßt.

Wie lange wart ihr auf dem Gipfel?

Es waren vielleicht fünf Minuten. Länger nicht. Es war zwischen drei und halb vier Uhr.

Gab es unerwartete Schwierigkeiten beim Abstieg?

Beim Aufstieg sind die Seile naß geworden. Sie sind aber nicht gefroren. Oben am Gipfel blies dann plötzlich der kalte Nordwind, und innerhalb von wenigen Minuten hatten wir ein Bündel Draht in der Hand. Das wurde natürlich ein großes Problem beim Abseilen. Dann habe ich noch knapp vor dem Gipfel, in der letzten Seillänge, meinen Handschuh verloren. Beim Fotografieren passieren manchmal so dumme Fehler.

Doch noch dümmer war, daß ich keine Reservehandschuhe dabei hatte. So nahm ich eine meiner beiden Sturmhauben, die ich unter dem Helm getragen habe, und wickelte sie mir um die Hand. Zum Glück war es nicht unerträglich kalt. Wenn es wirklich eiskalt geworden wäre, dann hätte das schon ernste Folgen haben können. Unsere Gore-Tex-Kleidung war auch so naß, daß uns dann während des Abstiegs das Wasser in die Schuhe gesickert ist.

Ihr habt also in der Kälte durch eure Anstrengung so geschwitzt, daß selbst das Gore-Tex-Material triefte?

Wir haben es direkt gespürt, wie es auf den Oberschenkeln naß durch den Stoff reinging. Es könnte schon davon gekommen sein, daß sich auf unseren Kleidern eine Eisschicht gebildet hat. Vielleicht hat diese Eisschicht die Funktion des Stoffes blockiert. Wir haben nur gemerkt, und zwar alle beide, daß durch die neuen Anzüge das Wasser reingesickert ist. Vor allem im unteren Teil beim Abseilen rann das Wasser innerhalb der Gore-Tex-Haut nach unten und hinter den Gamaschen in die Plastikschuhe. Abends haben wir die Plastikschale regelrecht ausgeschüttet.

Kann man das Abseilen mit derselben Tätigkeit in den Alpen vergleichen?

Keinesfalls. Das Abseilen geschah von vornherein nicht mit der normalen Abseilmethode, sondern mit der Rückzugsmethode. Es war ein recht kompliziertes Manöver, weil Normalabseilen mit dem gefrorenen Seil nicht mehr möglich gewesen ist. Wir sind mit der Rückzugsmethode den ganzen Berg hinuntergeklettert. Das bedeutet, daß der eine den anderen die halbe Seillänge hinunterlassen muß. Wenn der dann unten ist, baut er einen Stand und zieht das ganze Seil ein. Der andere fädelt oben durch einen Karabiner und wird vom unteren nachgelas-

Auflösungserscheinungen: schwimmende Eisberge im Lago Argentino im Nationalpark Los Glaciares

sen. Recht kompliziert und langsam. Aber es war die einzige Möglichkeit. Nebenbei ist es ein großes Problem, daß man bei jeder Seillänge aushängen und wieder anseilen muß. Einen gefrorenen Knoten, den bringt man dann nicht mehr auf. Wir mußten oft die Knoten mit dem Messer abschneiden, und das Seil ist kürzer und kürzer geworden. Am Wandfuß sind von unserem 50-Meter-Seil nur noch 39 Meter übriggeblieben. Den Rest haben wir nach und nach abgeschnitten.

Wo hast du diese Abseilmethode gelernt?

Ich habe das bei meiner Bergführerausbildung gelernt. Diese Rückzugsmethode wird vor allem bei überhängenden Wänden oder in Quergängen angewendet. Da wird einfach der erste vom Partner runtergelassen. Dieser kann immer wieder eine Sicherung einhängen und das Seil durch den Karabiner laufen lassen. Somit bleibt der Abseilende auch in überhängenden Passagen ziemlich nahe an der Wand. Würde er gerade abseilen, dann würde er in der Luft hängen bleiben. Ein kompliziertes Manöver, aber ich beherrsche es sehr gut.

Sind beim Abseilen vom Cerro Torre viele überhängende Felspassagen zu bewältigen?

Ja, es gibt einige Stellen, die wirklich überhängend sind, und wenn man zwei 50-Meter-Seile hat, dann kann man diese Überhänge auch senkrecht abseilen und erreicht unten schon wieder mit etwas Pendeln die Wand. Bei uns war das mit dem Einfachseil nicht möglich. Wir sind an den Hakenleitern von Maestri langsam heruntergekommen. Was mich sehr überrascht hat, war, daß beim Abstieg die Kälte plötzlich unangenehm wurde und die Seile gefroren sind. Eine weitere Überraschung wartete etwa 400 Meter unter dem Gipfel auf uns. Es herrschte ziemlich starker Schneesturm. Ich seilte mich gerade eine Schneepassage ab. Da schaute ich in das Gesicht eines Norwegers. Es war einer von denen, die in der Früh eingestiegen sind. Sie waren immer noch beim Aufstieg und wollten wissen, wie weit sie noch vom Gipfel entfernt waren. Ich habe ihnen gesagt, daß sie bei ihrem Klettertempo sicher noch vier bis fünf Stunden brauchen würden. Wir haben ihnen zugeredet umzukehren. Sie haben sich dann auch zum Rückzug entschlossen. Die wären in der Nacht sicherlich nur schwer wieder runtergekommen. Eine Stunde später sind sie dann am Wandfuß angekommen. Ihre Seile waren nicht gefroren gewesen, und so konnten sie zum Teil normal abseilen.

Nach 17 Stunden, um neun Uhr abends, seid ihr am Wandfuß angekommen. Habt ihr da die Höhle noch problemlos gefunden?

Die Dunkelheit dringt so gegen halb zehn Uhr abends ein. Wir sind gerade mit dem Einbruch der Nacht unten angekommen. Eigentlich sind für mich die 17 Stunden gar nicht mehr von so großer Bedeutung. Ich wollte auf diesen Gipfel, weil für mich der Cerro Torre einer der schönsten Berge der Welt ist. Die Zeit hat sich halt ergeben. Das Wetter hat uns getrieben. Wir haben uns wirklich keine einzige Minute Zeit zur Rast gegönnt. Als wir unten in der Eishöhle ankamen, da waren noch die Stirnlampen auf den Helmen. Wir hatten uns den ganzen Tag nicht die Zeit genommen, sie abzunehmen.

Bei einer erneuten Besteigung dieses Berges: Was würdest du nicht mehr mitnehmen und was unbedingt?

Ich glaube, es gäbe nicht viele Sachen, die ich zurücklassen oder andere, die ich mitnehmen würde. Ich hatte einen zu großen Klettergurt mit. Aber das war ein Fehler von mir, weil ich den vorher nicht anprobiert habe. Ich würde das nächste Mal, bevor ich weggehe, den Klettergürtel probieren.

Was haben die Bergsteiger im Basislager bei eurer Rückkehr zu eurem Erfolg gesagt?

Wir sind erst am nächsten Tag in Ruhe zum Basislager hinunterspaziert. Da haben wir dann die anderen getroffen. Sie waren im ersten Moment ziemlich ungläubig. Dann hat man ihnen aber die Enttäuschung angesehen, daß sie sich nicht doch angehängt haben. Ich spürte auch eine leise Kritik im Hintergrund, weil wir bei dem üblen Wetter nach oben gegangen sind. Das waren aber Leute, die ich nicht gekannt habe. Die beiden

Jugoslawen übten keine Kritik. Die unternehmen solche Aktionen auch selbst.

Hattet ihr nach der erfolgreichen Besteigung noch Zeit, euch Patagonien anzusehen?

Wir sind nachher noch ein paar Tage im Basislager geblieben und haben alles schön getrocknet. Dann haben wir den Berg nur mehr selten gesehen. Das Wetter ist schlecht geworden; es hat geregnet. Wir sind dann ganz hinunter ins Tal. Mit dem Bus sind wir herumgefahren und haben uns Naturwunder angeschaut. Es ist schon gewaltig, wie dort die Gletscher in die Seen geschoben werden. So etwas Gigantisches habe ich überhaupt noch nirgends gesehen. Der Gletscher hört auf, und dann beginnt ein vom Wind zerrissener Wald. Die Gletscher sind so sauber, sind oben schneeweiß, und das Eis ist einfach blau. Diese Bilder werde ich nie vergessen.

Wo liegen deiner Meinung nach die Schwierigkeiten des Cerro Torre?

Ich glaube, daß nur wenige wissen, was denn nun der Unterschied zwischen einem Achttausender und dem Cerro Torre ist; wo wirklich die größere Leistung liegt. In der Westwand der Annapurna, einer 4000 Meter hohen Wand, wo Reinhold Messner und ich eine Erstbegehung gemacht haben, da habe ich mich viel mehr verausgabt als hier. Da war ich teilweise nicht mehr sicher, ob das überhaupt noch gut ausgeht.

Oft wird der Cerro Torre als »schwierigster Berg der Welt« bezeichnet. Ist er so schwer zu erklettern wie Wände der Achttausender?

Die Schwierigkeit ist bei den Achttausendern meiner Meinung nach viel größer. Hauptsächlich ist es natürlich auf die Höhe bezogen, weil dort der Körper so auslaugt, daß er immer weniger widerstandsfähig wird. Ein III. Grad ist auf 7500 Meter für mich persönlich schwieriger als auf 3000 Meter am Cerro Torre ein starker VI. Grad. Dabei haben wir an der Annapurna bis zum V. Grad klettern müssen. Da lassen die Kräfte auf 8000 Meter nach, und die Kälte ist auch viel, viel größer. Die Stürme nicht, die sind am Cerro Torre genauso scharf. Aber es ist im Schnitt einfach viel wärmer als beispielsweise an der Annapurna. Da kann die Temperatur vierzig oder fünfzig Grad minus betragen. Man geht mit plumpen Ausrüstungsgegenständen, mit Daunenkleidern, Plastikschuhen, großen Handschuhen ... Den Cerro Torre würde ich nicht als den schwersten Berg der Welt bezeichnen, denn er erfordert nicht mehr Kraft als schwierige Gipfel in den Alpen. Als schwierigsten Berg der Welt haben ihn immer nur jene Leute bezeichnet, die bei schönstem Wetter vier bis fünf Tage lang in der Maestri-Route geklettert sind.

Kann auch ein Durchschnittsbergsteiger zum Einstieg des Cerro Torre oder zu einem Aussichtsgipfel gehen?

Ja, für den Wanderer ist Patagonien ebenfalls sehr interessant, weil die Steppe, die bis zu den Bergen hinreicht, fast immer trocken ist. Es regnet kaum, denn die Wettergrenze, diese Schön- und Schlechtwetterfront, die ist genau auf dem Bergstock. Dort prallen die feuchten Lüfte auf den Berg, steigen auf, und dann schneit es. Wenige Kilometer weiter südlich ist schon die Steppe dieses wüstenartigen Landes. Trocken, mit einzelnen Grasbüscheln, und dort kann man immer bei mehr oder weniger schönem Wetter wandern. Wenn der Cerro Torre oder der Fiz Roy dann plötzlich von Wolken frei werden, ist das ein gigantisches Bild. Diese Berge, diese Granitpfeiler. Wenn man sie am Morgen sieht, wie sie hoch aus dem Gletscher ragen, beleuchtet von der roten Sonne, dann sieht das aus, als würden Flammen vom Gletscher hochschießen. Solche Momente habe ich vorher in meinem Leben noch nie erlebt.

Hans, du hast mit großer Hochachtung von den beiden Jugoslawen gesprochen, die die Westwand des Cerro Torre erstiegen haben.

Ich kann mit Sicherheit sagen, daß dieses Unternehmen das größte und schwierigste ist, das bis heute in Patagonien gemacht wurde.

Gibt es etwas, was dich an diesem Berg enttäuscht hat?

Ja, es sind die Fixseilstücke an diesem wirklich einzigartigen Berg, die von Kletterern stammen. Diese Fixseile degradieren den Berg. Immer wieder kommt anhand dieser Fixseile ein Bergsteiger zum Gipfel, der ohne diese künstliche Hilfe den Berg nie besteigen könnte. Wenn dann seine Freunde das hören, die um seine Qualitäten, sein Niveau wissen, dann ist es so, daß viele glauben, diesem Berg auch gewachsen zu sein. Bergsteiger, die eigentlich diesen Berg mit halbwegs fairen sportlichen Mitteln nicht schaffen würden. Und darum kommen immer mehr Fixseile an den Berg. Die Folge sind immer mehr Fixseile, immer schlechtere Bergsteiger. Irgendwann kommt es möglicherweise so weit, daß fast ein Klettersteig auf den Cerro Torre führt. Der Berg sollte aber so bleiben, wie ihn der Maestri zurückgelassen hat.

Zwischen Alpen und Himalaya
Hans Kammerlander – einer der erfolgreichsten Bergsteiger der Welt

1983
Cho Oyu, 8202 Meter
Himalaya/Nepal
mit Reinhold Messner
erste Begehung der Südwestwand

1984
Hidden Peak, 8068 Meter, und Gasherbrum II, 8035 Meter
Karakorum/Pakistan
mit Reinhold Messner
erste Überschreitung zweier Achttausender in einem Zug

1985
Dhaulagiri, 8172 Meter
Himalaya/Nepal
mit Reinhold Messner

1985
Annapurna, 8091 Meter
Himalaya/Nepal
mit Reinhold Messner
erste Begehung der Nordwestwand

1986
Makalu, 8481 Meter
Himalaya/Nepal
mit Reinhold Messner und Friedl Mutschlechner

1986
Lhotse, 8511 Meter
Himalaya / Nepal
mit Reinhold Messner

1988
Cerro Torre, 3128 Meter
Patagonien / Südamerika
mit Wolfi Müller
bis dahin schnellste Begehung, 17 Stunden für Auf- und Abstieg

1989
Mount Everest, 8846 Meter
Himalaya / Tibet
mit Diego Wellig und Norbert Joos
Versuch am höchsten Berg der Erde, bis 8000 Meter, dann abgebrochen wegen Neuschnee

1989
Aguja Pointcenot, 3123 Meter
Patagonien / Südamerika
mit Wolfi Müller, Hanspeter Eisendle und Oswald Santin
die Besteigung erfolgte im Anschluß an einen Versuch, den Mount Fiz Roy über den Cassarotto-Pfeiler zu bewältigen (bis 150 Meter unter dem Gipfel)

1990
Nanga Parbat, 8125 Meter
Karakorum / Pakistan
mit Diego Wellig
erste Skiabfahrt über die Diamirflanke

1991
Manaslu, 8163 Meter
Himalaya / Nepal

im Rahmen einer Südtiroler Expedition, der Gipfelversuch scheiterte am Höhensturm, der Grödner Carlo Großrubatscher verunglückte durch Absturz tödlich, und Friedl Mutschlechner starb in einem Höhengewitter durch Blitzschlag

1991
Rund um Südtirol
mit Reinhold Messner
1200 Kilometer klettern und wandern, 100 000 Höhenmeter, mehr als 300 Gipfel in sechs Wochen

1991
Ortler, 3902 Meter, Große Zinne, 2998 Meter
Südtirol / Italien
mit Hanspeter Eisendle
binnen 24 Stunden zunächst in kombiniertem Gelände am Ortler durch die mit 1400 Metern höchste und schwierigste Nordwand der Ostalpen, anschließend 247 Kilometer mit dem Fahrrad von Sulden ins Höllensteintal, dann 900 Höhenmeter Wandern zum Fuß der Drei Zinnen und schließlich über die Comici-Route durch die Nordwand der Großen Zinne

1992
Mount Everest, 8846 Meter
Himalaya / Tibet
mit Norbert Joos
zweiter Versuch am höchsten Berg der Erde, bis 8000 Meter, dann abgebrochen wegen Neuschneemassen

1992
Matterhorn, 4477 Meter
Westalpen / Schweiz
mit Diego Wellig
binnen 24 Stunden viermal auf den Gipfel des Matterhorns, über Hörnli-, Furggen-, Lion- und Zmuttgrat

1993
Shivling, 6543 Meter
Garwhal-Himalaya / Indien
mit Christoph Hainz
erste Begehung des Nordpfeilers

1993 und **1995**
Ama Dablam, 6812 Meter
Himalaya / Nepal
im Rahmen einer Expedition der Alpinschule Südtirol

1994
Broad Peak, 8048 Meter
Karakorum / Pakistan
mit Hans Mutschlechner
teilweise Skibefahrung (ab ca. 7000 Meter)

1996
Shisha Pangma, 8012 Meter
Himalaya / Tibet
im Rahmen einer Expedition der Alpinschule Südtirol
Gipfelbesteigung mit anschließender Skiabfahrt

1996
Mount Everest, 8846 Meter
Himalaya / Tibet
Solobesteigung ohne künstlichen Sauerstoff, ohne fixe Hochlager, in 17 Stunden (bisher schnellste Begehung) ab vorgeschobenem Basislager (6400 Meter), erste Skiabfahrt vom Gipfel

1997
Nuptse East, 7879 Meter
Himalaya / Nepal
mit Maurizio Lutzenberger, Versuch am höchsten, noch unbestiegenen Berg der Erde, bis 7000 Meter

1998
Kangchendzönga, 8586 Meter
Himalaya / Nepal
mit Konrad Auer
teilweise Skibefahrung

1999
K2, 8616 Meter
Karakorum / Pakistan
mit Konrad Auer
bis 170 Meter unterhalb des Gipfels, dort wegen Neuschnee und Lawinengefahr abgebrochen, teilweise Skibefahrung

Die Autoren

Werner Beikircher, geb. 1953, Südtiroler, Berg- und Skiführer, Autor mehrerer Bücher, Alpinjournalist in früheren Jahren, Arbeiten für das Fernsehen. Langjähriger Freund und Seilpartner des Autors. Ist heute als Anästhesist im Krankenhaus von Bruneck tätig.

Michl Dacher, geb. 1933, Deutscher, Bergsteigerprofi, begeisterter Gleitschirmflieger, stand auf den Gipfeln von zehn Achttausendern. Expeditionspartner von Hans Kammerlander bei dessen erstem Gipfelerfolg im Himalaya (Cho Oyu 1983). Starb am 3. Dezember 1994 daheim an Herzversagen.

Hanspeter Eisendle, geb. 1956, Südtiroler, Berg- und Skiführer, Ausbilder in der Bergführer-Organisation Südtirols, nach Ausbruch aus dem Lehrerberuf Teilnehmer an mehreren Himalaya-Expeditionen, dann Konzentration auf das Sportklettern, worin er zur engen Spitze in Italien gehört (bis X. Grad). Machte mit dem Autor einige sehr schwere Erstbegehungen in den Dolomiten.

Alois Kammerlander, geb. 1947, Südtiroler, älterer Bruder des Autors, lebt als Obstbauer in Bozen. Gehörte in den siebziger Jahren zur Spitze der Felskletterer in Südtirol. Führte seinen jüngeren Bruder in das Bergsteigen ein und kletterte mit ihm zahlreiche Touren.

Reinhold Messner, geb. 1944, Südtiroler, machte das Bergsteigen mit seinen Vorträgen, Artikeln und Büchern weltweit populär. Seine Leistungen in den Alpen und später an den Bergen der Welt eröffneten neue Horizonte. Sein 1986 erreichtes Ziel, als erster Mensch auf den höchsten Gipfeln der Erde, auf allen Achttausendern zu stehen, ließ ihn weltweit bekannt werden. Expeditionen zum Nord- und Südpol, seit 1999 Europa-Parlamentarier. Messner eröffnete dem Autor die Möglichkeit zum Höhenbergsteigen.

Friedl Mutschlechner, geb. 1950, Südtiroler, Berg- und Skiführer, Mitglied im Ausbildungsteam des Verbandes Südtiroler Ski- und Bergführer, Teilnehmer an zahlreichen Expeditionen zu den großen Gebirgen der Welt, bestieg die Gipfel von drei Achttausendern (Shisha Pangma, Kangchendzönga, Makalu), verunglückte 1991 bei der ersten vom Autor selbst geleiteten Expedition zum Manaslu tödlich (Blitzschlag).

Oswald (»Bulle«) Oelz, geb. 1943, gebürtiger Vorarlberger mit Schweizer Paß, zunächst Oberarzt an der Universitätsklinik in Zürich, heute Chefarzt am Stadtspital Triemli in Zürich, hat sich seit den siebziger Jahren als Arzt und Extrembergsteiger bei zahlreichen Expeditionen einen Namen gemacht. Beschäftigt sich neben seinem Beruf als Internist mit Forschungen im Bereich Höhenmedizin. Ebenfalls Buchautor.

Franz Xaver Wagner, geb. 1939, Deutscher, wurde bekannt als Kolumnist der Zeitschriften »Bergwelt« und »Alpin« unter dem Pseudonym »Karl Tiefengraber« und als Verfasser satirischer Bergtagebücher. Er bezeichnet sich als schlechten, aber begeisterten Bergsteiger und Skifahrer. Aus dem bei ihm vorhandenen Gefälle zwischen alpinem Wollen und Können bezieht er, so sagt er, seinen ironischen Schwung.

PIPER

Hans Kammerlander

Bergsüchtig

Unter Mitarbeit von Walther Lücker. 347 Seiten mit 141 Abbildungen, davon 85 in Farbe. Geb.

Hans Kammerlander, der hier von seinem spektakulären Alleingang auf den Mount Everest erzählt, ist einer der erfolgreichsten Extrembergsteiger der Welt. Er war der erste, der vom Nanga Parbat mit Skiern abfuhr. Und er ist noch immer der einzige Mensch, der die Skiabfahrt vom Everest gewagt hat. Wer ist dieser Mann, der kein Risiko scheut, der am Berg fast Übermenschliches leistet? Packend erzählt er von seinem Leben zwischen Fels und Eis, von dem Abenteuer und davon, warum er immer wieder seine eigenen Grenzen überwinden muß, um das Unmögliche möglich zu machen. Der Umgang mit dem Risiko, der Angst und dem Tod, der Unsinn des Achttausender-Tourismus, die Sucht nach dem Berg – Hans Kammerlander läßt die Leser miterleben, warum es ihn seit früher Jugend immer wieder in die steilsten Wände und auf die höchsten Gipfel treibt.

Reinhold Messner

Die Freiheit, aufzubrechen, wohin ich will

Ein Bergsteigerleben. 396 Seiten mit farbigen und Schwarzweiß-Abbildungen. SP 1362

Vom Südtiroler Dorfbuben zum berühmtesten Bergsteiger aller Zeiten: der Bericht eines ungewöhnlichen Lebens, der nicht nur von der Erstersteigung des Mount Everest ohne künstlichen Sauerstofff erzählt, sondern auch von den Niederlagen, Krisen und Selbstzweifeln handelt.

13 Spiegel meiner Seele

320 Seiten mit 56 Farbfotos und 14 Karten. SP 2646

Mit diesem Buch zeigt uns Reinhold Messner die andere Seite seines Wesens, jene Seite, die bisher allzu oft hinter den Sensationen seiner Abenteuer verborgen bliebt: seine selbstverordnete Einsamkeit, seine Flucht in die Arbeit und in die Tröstlichkeit von Wüstensand, Eis und Schnee. In keinem seiner Bücher hat Messner einen so tiefen Blick in sein Innerstes tun lassen.

Jon Krakauer

In eisige Höhen

Das Drama am Mount Everest. Aus dem Amerikanischen von Stephan Steeger. 416 Seiten mit 33 Schwarzweißfotos. SP 2970

Geplant war ein Bericht über die dramatischen Auswüchse des kommerziellen Bergsteigens, Jon Krakauer wurde jedoch Augenzeuge der schlimmsten Katastrophe, die sich je auf dem Dach der Welt ereignet hat: Zwölf Bergsteiger kamen ums Leben. Jon Krakauers spannendes und tief berührendes Buch ist ein einmaliges Dokument, das sich mit der Faszination und Irrationalität des Bergsteigers auseinandersetzt.

»Eines der besten Bergbücher, weil es hautnah und nachvollziehbar zeigt, warum Leute auf den Gipfeln ihr Leben riskieren, obwohl sie es gerade dort wiederfinden wollen.«
Tages-Anzeiger, Zürich

SERIE PIPER

Jon Krakauer

In die Wildnis

Allein nach Alaska. Aus dem Amerikanischen von Stephan Steeger. 302 Seiten. SP 2708

Eine kleine Pistole und ein Fünf-Kilo-Sack Reis – das war die einzige Ausstattung des jungen Chris McCandless, mit der er sich in die Wildnis Alaskas begab. Seine gesamten Ersparnisse von fünfundzwanzigtausend Dollar hatte er gespendet und das restliche Bargeld verbrannt – er wollte ein neues, ganz anderes Leben beginnen. Vier Monate später wurde seine Leiche in der Wildnis von Alaska von einem Elchjäger gefunden. Jon Krakauer, für seine spektakulären Reportagen bereits mehrfach preisgekrönt, hat die abenteuerliche Wanderung des Chris McCandless anhand von Tagebucheintragungen, Postkarten und Interviews rekonstruiert. War Chris ein hoffnungsloser Romantiker oder einfach nur ein Spinner? Oder wurde er von einer Sehnsucht getrieben, die nur zu typisch ist für unser zu Ende gehendes Jahrhundert?

Owen Beattie / John Geiger

Der eisige Schlaf

Das Schicksal der Franklin-Expedition. Aus dem Englischen von Uta Haas. Mit einem Nachwort von Sten Nadolny. 174 Seiten mit 40 farbigen und 19 Schwarzweiß-Abbildungen und zwei Karten. SP 2113

Am 19. Mai 1845 brach der britische Seeoffizier und Polarforscher Sir John Franklin zur Arktis auf, um die Nordwestpassage zu suchen. Die Forschungsreise endete in einer Katastrophe, in der alle 129 Besatzungsmitglieder den Tod fanden. Knapp 140 Jahre später stieß der kanadische Anthropologe Owen Beattie auf der Suche nach den Verschollenen auf Überreste der mitgeführten Ausrüstung und die Gräber dreier Seeleute. Ihre Untersuchung ergab eine verblüffend neue Theorie.

»›Der eisige Schlaf‹ liest sich wie ein Kriminalroman. Langsam tritt Stück für Stück die ganze, furchtbare Tragödie ans Tageslicht – die wohl spannendste wissenschaftliche Dokumentation, die jemals geschrieben wurde.«

Limit, Bremen

SERIE PIPER

Abenteuer grenzenlos

Expeditionen ins Ungewisse. Herausgegeben von Ulrich Wank. 350 Seiten. SP 2153

Wer hat nicht einmal schon davon geträumt, frei von allen Zwängen und losgelöst vom Alltag in einer einsamen Hütte zu leben, die Wüste zu durchqueren oder die höchsten Berge der Erde zu besteigen? In diesem Buch finden Sie Menschen, die diese Träume haben Wirklichkeit werden lassen. Allein auf einer menschenleeren Tropeninsel, zu zweit in der Wüste, im dichtesten Dschungel entlang der wildesten Flüsse – dort suchten sie das wahre, sinnliche und unmittelbare Leben. »Abenteuer grenzenlos« versammelt die besten Geschichten moderner Abenteurer, unter anderem von Lucy Irvine, Joe Simpson, Reinhold Messner, Rüdiger Nehberg, Mario Richner, Arved Fuchs.

S.O.S. im Nordmeer

Dramen, die die Welt bewegten. Ein GEO-Buch. Herausgegeben von Peter-Matthias Gaede. 367 Seiten mit sechs Karten. SP 2770

Eine sternklare Nacht am 15. April 1912 im Nordmeer: Die Titanic, das angeblich unsinkbare Schiff, füllt sich lautlos mit Wasser. Nichts hat als Zeichen und Mahnruf die Menschen im noch jungen 20. Jahrhundert so sehr bewegt wie der Untergang der Titanic. Viele Dramen, die die Welt bewegten, sind bis heute nicht vergessen – wie die Tragödie des Luftschiffes Hindenburg, die Odyssee von Apollo 13 im Weltraum oder das Bergsteigerdrama in der Eiger-Nordwand. Mythen, Legenden und Anekdoten ranken sich um wahre Ereignisse – denn immer handeln sie auch von Grenzerfahrungen des Menschen. Namhafte Journalisten haben für die Zeitschrift GEO sachlich und kompetent sechzehn Dramen der Weltgeschichte in spannenden Reportagen nachgezeichnet.